NEVADA'S
VALLEY OF FIRE

by G. William Fiero

Dr. Fiero, former Professor of Geology at the University of Nevada, Las Vegas, is a graduate of Dartmouth College and completed his graduate studies at the University of Wyoming and the University of Wisconsin. Bill has had a lifelong interest in natural history and has traveled throughout North America and other continents to study and interpret geology and the natural sciences. He is well known and highly respected for his geological research and for his teaching activities, which include an extensive commitment to the education of non-scientists interested in learning more about the natural world.

Book design by K. C. DenDooven. Edited by Mary L. Van Camp.

Front cover: Rainbow Vista area, photo by Ed Cooper. Inside front cover: Elephant Rock, Page 1: Arch, photos by Willard Clay. Pages 2/3: Sandstone rock outcrop, photo by Jeff Gnass.

Published by KC Publications in cooperation with Nevada Natural History Association.

Seventh Printing, 1994. Revised Edition.

Valley of Fire is a vivid land of bold cliffs
of red and white sandstone set in the
midst of the grandeur that is the Mojave Desert.
The stories of powerful earth forces,
adapting life forms, and early man
are all revealed in this unique parkland.

From an Ancient Sea— A Valley of Fire

The earliest stories of the region occupied by Valley of Fire are unrecorded in the pages of geologic history. Nowhere in the park are the earliest rocks exposed. The oldest rocks on earth date back slightly in excess of 4 billion years, but the oldest rock in Valley of Fire is about 600 million years. A youngster, indeed.

By studying surrounding areas, however, we can observe and decipher rocks that date back well over a billion years and get clues to the earliest events that may have been taking place in Valley of Fire.

Far to the north, in northwestern Utah, we can find the oldest rocks of the region. In age these *metamorphic* rocks, changed by high heat and pressure from preexisting rocks, are in excess of 2 billion years. They were, at that time, near the southern margin of the North American continent, and our area was a part of a sea floor.

The sea floor subsequently moved northward against the continent. Islands, oceanic rises, and perhaps even pieces of other continents, were carried along on the moving sea floor. This giant conveyor belt crushed its cargo against the southern part of the continent. The sweepings of the oceanic plate today comprise the oldest rocks we have yet studied in the southern Nevada region. These rocks date about 1.7 billion years old. These ancient rocks have been altered through time into metamorphic rocks. Some molten material intruded and cooled within the metamorphic rocks of the islands. In all probability, they underlie Valley of Fire.

The North American continent grew by such accretion. But what is geologically given can also be geologically removed. Sometime around a billion years ago, a thermal swelling lifted a large north-south welt through the newly sutured continent. Well to the east of Valley of Fire this uplift ruptured and ripped apart the continent. The rift tore in a northerly direction approximately

BRUCE KAPLAN

through the central part of the state of Nevada. Slowly the western fragment drifted away from North America. The rift filled with dark, heavy, hot, molten material from below the crust. Seawater flooded onto the low-lying heavy rocks of the rift, and a new ocean formed. The western fragment of North America is probably lodged into what is now Asia and composes a portion of central Siberia.

Tilted sandstone rocks are modified into graceful shapes by the geologic processes of erosion. Water is the most active erosive agent, even here in the desert. It couples with the enormity of geologic time to achieve its artistic results.

The thermal swelling along the edge of the old rift margin slowly contracted as the heat from below subsided. Gradually, the continental margin of the new ocean sank below sea level. Marine waters flooded over the contracted, sunken continental edge, and the ocean covered Valley of Fire. In southern Nevada we were not a part of an oceanic plate but rather a submerged portion of the foundered continental edge.

Standing outside the visitor center, scanning the dry, hot desert floor to the west, one finds it difficult to visualize this earliest recorded geologic history of Valley of Fire. Almost 600 million years ago the sea invaded this area. Its shimmering waters were hundreds of feet deep and extended from horizon to horizon. Myriads of animals and plants thrived in the warm waters, life forms that gradually evolved in complexity over

the 300 million years the sea covered the region. Simple worms and jellyfish yielded space to complex fish and clams.

Life adapted explosively to this fertile environment, and virtually every niche was occupied by living creatures. Occasionally the sea would retreat, leaving piles of discarded shells and vast limy mudflats to dry, crack, and harden under the warm sun. But for most of this great span of time (the *Paleozoic,* or "old-life," era), our present desert existed as the watery world of the ocean.

Thick piles of lime muds and shells were deposited, layer upon layer. Each change in environment—sea temperature, chemistry, or water depth—would leave its mark as a distinct bed of limestone or its close relative dolostone. These accumulated deposits of marine origin would ultimately bury this part of Nevada with carbonate sediments several miles thick.

The best exposures of these ancient sediments are in the southern part of Valley of Fire. An example is the high ridge that fills the skyline across the valley south of the visitor center. The gray rocks of the Muddy Mountains are the limy graveyards of countless living creatures of the ancient sea. These ancient limestones may also be seen along the road into the park from Interstate 15.

THE LAND RISES

About 200 million years ago the sea floor slowly rose. The oceanic plate to the west of North America began to move obliquely against the continent. These powerful forces to the west lifted the land near Valley of Fire. As the water became progressively more shallow, fine muds were washed in from emerging land areas. The sea floor, formerly blanketed by lime deposits and shells, became more muddy and sandy. The shallower water was more susceptible to rapid temperature and salinity changes. Currents and waves often roiled the shallow bottom. Life forms that had adapted to the deeper marine waters could no longer tolerate the new conditions, and worms and clams that favored sandy conditions were left to occupy the shallow waters.

Gray limestones of the Muddy Mountains act as a backdrop to the red sandstones of Valley of Fire. The limestones, deposited in an ancient sea, contrast with younger sandstones, remnants of an enormous sandy desert. This is a land of geologic contrasts.

Eventually the sea retreated totally from the region, and the water-saturated, ripple-marked muds dried and cracked in the warm, sunny climate. Rains dimpled the mud surface; their impressions, together with mud cracks and ripple marks, are to be found in the rocks today. Sluggish streams crossed the terrain, depositing veneers of coarser sand on the mudflats. Occasional downpours swelled the drainages to torrents, and coarser gravels washed down from distant highlands. These floodwaters often carried twigs, branches, and logs of trees similar to the conifers of today.

Some of the logs buried by mud were slowly altered with a molecule-by-molecule replacement of woody materials by quartz and other minerals to become the petrified logs of today. Exposure of sediments to air caused many of the iron compounds in the sands and muds to oxidize and form rust. Reds, purples, lavenders, and pinks dominate the color of these former muds and sands. Geologists call these deposits the Moen-

BILL FIERO

A geologic moment ago, this petrified log was buried. In another geologic eye blink it will be gone. Woody materials of the log were replaced by quartz and other minerals. Earth movements fractured the petrified logs, and desert storms have scattered the fragments.

BILL FIERO

A rainstorm of more than 150 million years ago is recorded in the pocked shale surface. The raindrop impressions are so clear that the ancient storm seems to have just occurred. Rocks retain records of past events that are as easy to read as a history book if the observer has some geologic knowledge.

kopi, Shinarump, and Chinle formations. These rock names are derived from localities on the Navajo Reservation to the east, where the beds are clearly exposed.

Few fossils are to be found in these beds, as the oxygenated environment caused rapid decomposition of plants and animals. Some footprints and bones of dinosaurs and other reptiles have been discovered in other locations, such as the area to the northeast of the Grand Canyon. Petrified wood is the most common fossil remnant in southern Nevada.

These sand, gravel, and mud formations are common in Valley of Fire. Most of the valley occupied by the primary east-west road in the park contains these deposits. Because they are soft they erode easily, and most of the lowlands in the park show exposures of these beds. These deposits are of *Mesozoic* ("middle-life") age. During the nearly 75 million years that the mud-sand conditions prevailed, approximately 4,500 feet of these deposits were plastered over the limestones of Valley of Fire.

The gypsum deposited in these beds by the drying seas has created a problem for administrators of the park. Groundwater is saturated with these soluble salts, creating a hardness and salinity in some areas almost comparable to seawater. Water is a precious item at Valley of Fire, and everyone needs to make an effort to conserve it for future use.

THE DESERT THAT WAS

Anyone visiting the park at midday in summer scarcely needs a reminder of the awesome power of the desert. The searing heat and lack of water seem almost unbearable. But in ages past, the Valley was subjected to desert conditions even more demanding on life than the desert of today. For tens of millions of years the area that is now the park was a barren desert covered by lofty sand dunes. Wind carved and swirled the sands into fantastic formations of multi-angled layers. Thousands of feet of sand piled up in the region, carried there by winds from the erosion of distant highlands.

Tilted shales of the Mesozoic Era dominate the landscape of lower areas of the park. The pale reddish, purple, and brown hues result from oxidation of iron-bearing minerals. These ancient muds settled from slow-moving rivers and along mud flats bordering the sea. It was a different environment then—only a few degrees north of the equator, with warm and humid air. Early dinosaurs walked these muds.

K. C. DENDOOVEN

A great sandy desert covered much of the southwestern portion of the continent 140 million years ago. Vast spans of geologic time carved the tilting layers of this ancient sand dune into sharp relief. Evidence of shifting winds of long ago is revealed by erosion. This Saharan environment is beautifully preserved in the Aztec sandstone in the park. ED COOPER

Today, almost a half-mile thick, these "fossil" dunes comprise the beautifully shaped red and white sandstone bluffs, the most scenic aspects of Valley of Fire. The perfectly preserved swirled layers of wind-blown sand illustrate a page of Mesozoic history more than 140 million years old. This sandstone, termed Aztec sandstone by geologists, extends over large areas of the Southwest. The great towers and cliffs of Zion National Park in Utah and of Red Rock Canyon west of Las Vegas, Nevada, are carved from this formation. Some fragments of dinosaur remains have been found elsewhere in this bed, but the fossil record is sparce as a result of the oxygen-rich environment.

The sandstone varies in color from deep reds and purples to tans and whites. Delicate and subtle changes in tones are thought to be the result of groundwater percolating through the sand and leaching the oxidized iron. By tracing individual layers of sandstone one can follow the paths of ancient, slow-moving subterranean waters. The passage of these waters altered and transformed the chemistry of mineral grains. The result is a pleasing, artistic intermingling of colors.

K. C. DENDOOVEN

Erosion seeks weakness in stone. The sandstone layers have soft interbeds allowing erosive forces to erode differentially. Holes form where the rock is especially vulnerable. Fanciful forms result from the probing agents of the weather.

In some parts of the park, such as the areas near the visitor center and near Atlatl Rock, the rocks are a deep red color. Moving toward White Domes, the intergrading of colors occurs gradually, until the sandstone becomes almost uniformly white in the area of the domes.

The Earth Moves

The land rises in response to thermal nudges from deep below the crust. In the magmatic interior of the earth the driving heat engine creates large swirling currents. These slow-moving convective movements impinge against the thin skin of hard surface crust. The surface yields to such gargantuan pressures by moving. As the crust shifts, large pieces called *plates* move en masse.

Some of the plates pull apart from each other. Such divergent motion creates large rifts in the crust. These rifts are rapidly filled with *magma* from below. These molten materials have a deep source. They are heavy, fluid, and usually black. They sink low into the underlying magmas and become topographically low regions of the earth's surface. The water that falls onto the crust runs down into these low areas. Through the millennia of the earth's early history they gradually filled with water. They are the ocean basins of our planet.

Other plates are composed of lightweight silica-rich rocks that floated to the surface during the earliest days of the earth's history. This light-colored silicate scum contains the oldest rocks on earth. They are the continents.

When plates move toward each other the heavy ocean-floor plates are forced under the lighter-weight continents. Such *subduction* into the Stygian depths below the massive continents heats the oceanic plates. Eventually the ocean plates melt. But before they are destroyed, they heave upward from below the continents. The land surface above buckles and is thrust up. Also, as the lightweight portion of the heavy plate melts it forces magma upward into the overlying continent. These magmas often break through at the surface as volcanos. They become saturated with silica as they penetrate the continent. Such an

alteration of chemistry creates magmas that are sticky and viscous. The plumbing of these volcanos is constantly becoming clogged; thus they are explosive.

During late Mesozoic time, the sea-floor plate that lay beneath the Pacific Ocean to the west of the North American continent was moving directly against the continent. The heavy oceanic plate was forced below North America. It created titanic compressive forces as it resisted subduction. The melting plate also injected its lighter-weight components upward into the continent as huge magmatic intrusive bodies. Cooled remnants of these *igneous* intrusions comprise the core of the Sierra Nevada Mountains today. These large granitic intrusions forced their way up into the crust and shoved aside the existing continental rocks as they forcefully injected themselves upward. Such intrusive activity redoubled the compressive forces on the crust of the western United States.

In Valley of Fire the earth responded to the inexorable pressures that resulted from these far-

Late evening light casts deep shadows into the rugged landscape of the park. The contrasts of this wild and beautiful landscape are more clearly etched at this time. Earth tones in the tilted red and white sandstones seem to vibrate with the intensity of the last rays of the sun. Distant mountains stand in parched and wrinkled folds against the sky. The thrilling call of a canyon wren pierces the desert silence, and the ravens return on whistling wings to roosts in the shadowed holes in the canyon walls. Another night descends upon the park.

off events. A large belt of earth movement extended from southern Nevada northward to Canada. The rocks to the west were shoved eastward, sliding atop one another like a massive deck of cards. This zone of movement is referred to as the Sevier Orogenic belt. Compression created huge faults and large areas of folded rocks. Two major compressive faults of this Sevier movement lie in or adjacent to Valley of Fire.

GAIL BANDINI

The gray limestone beds of the Paleozoic sea
stand in relief against the skyline. They tower over
the red desert sandstones of the younger Mesozoic time.
Tremendous earth forces have heaved the millions of tons
of ancient gray rock over the younger sandstones. In
Valley of Fire titanic forces have shifted the earth's crust.

Winter is a special time to visit the park. The silence
is profound. The Virgin Mountains, powdered
with snow, form a backdrop to the rugged landscape of Valley of Fire. The visitor center appears
to huddle within the sheltered confines of rock.

K. C. DENDOOVEN

The cross-beds of fossil sand dunes
have been revealed by erosive
scour. Winds, about 140 million
years ago, gently blew sand grains
up the gradual slope of a dune.
The grains tumbled down the steep
face sloping away from the wind.
As the winds shifted direction, the
old dune geometry was dissected
and new dune shape formed. The
cross-beds give a pleasing sculpted
appearance to the outcrops.

These mountain-building forces in what is now the park area first occurred after deposition of the Aztec sandstone. The exact time of this event is not known, but it was probably close to 100 million years ago. From Atlatl Rock through the valley south of the visitor center to the east entrance of the park, the land was upwarped into a major fold. Seen to the east of the visitor center, this upwarp, termed an *anticline*, tilted the rocks toward the east. Rocks on the western side of the valley were canted to the west. Like a large inverted spoon, the anticline slopes downward to Lake Mead. The resistant Aztec sandstone was upwarped along this fold into a large hill. But with the passing of time, erosion has removed the highest part of the Aztec, exposing the soft shales of the Chinle formation below the sandstone. These muds were vulnerable to erosion, and a broad valley now occupies the apex of the upwarp.

Response to crustal pressures not only yielded large folds but also created faults of great magnitude. These great rifts in the crust must have generated massive earthquakes in the region. Compressional forces crushed the rocks together. Release was ultimately found by the shoving of large segments of rock up at a low angle and over younger sediments.

Such movement, termed *thrust faulting*, forced the old marine limestone of the ancient sea over the sand-dune deposits of the Aztec sandstone. The old gray limestones were pushed a minimum distance of 14 miles toward the north, and the total thrusting may have forced the rocks tens of miles over the Aztec. This large fault is known as the Muddy Mountain thrust. It was originally mapped by a well-known geologist, Dr. Chester Longwell.

Looking to the south of the visitor center, one can see the high gray limestone ridges of the Muddy Mountains, representative of the upper portion of the thrust fault. The incredible forces necessary to move large segments of the crust such distances make human power seem small indeed. The uplifted highland shed erosional gravels; these are found today in the eastern part of the park.

Continued pressure created a major, almost vertical, fault that lifted rocks of the Muddy Mountains thousands of feet upward, placing the marine limestones adjacent to the upper part of the Aztec sandstone. This major fault, named the Arrowhead fault, extends east-west along the south side of the valley occupied by the visitor center and Atlatl Rock. The gray limestones, first shoved northward by the Muddy Mountain thrust, were broken and uplifted by the high-angle Arrowhead fault. The trace of the fault where the gray limestones abut the red Aztec sandstones can be clearly seen to the south of the visitor center.

Along the Arrowhead fault some movement has been documented that attests to a lateral

Gravels once buried the sandstone formations in Valley of Fire. The surrounding Muddy Mountains, uplifted by faults, towered thousands of feet above the sandstone. Erosion scoured down the highland, and vast gravel aprons of debris buried the surrounding rock. But erosion is both a giver and a taker. Later erosion stripped the gravel veneer, leaving only remnants capping mesas in the eastern part of the park.

shearing (the side-by-side movement of crustal blocks). In this manner the Muddy Mountain region was shifted eastward relative to Valley of Fire, probably at a more recent time.

Following the formation of the Muddy Mountain and Arrowhead faults, perhaps as recently as 70 million years ago, an even larger thrust fault, the Glendale thrust, moved another segment of the crust up and over the gray limestones of the Muddy Mountain thrust block. Evidence for this thrusting occurs primarily to the north of the park. This thrust overturned portions of the block below and created a series of subsidiary vertical faults and thrust sheets. Renewed folding of the major anticline of Valley of Fire may have occurred at this time.

Evidence of these subsidiary faults may be observed within the park. The east side of the Aztec sandstone at Atlatl Rock is bounded by a high-angle fault. The sandstones have been dropped down along the Atlatl fault. From Atlatl Rock picnic area one can see the Aztec sandstone at the petroglyph site and, immediately to the east and at the same level, the muds of the older Chinle formation. West of the large sandstone bluffs of Atlatl Rock, coarse gravels have been down-dropped against the Aztec along the high-angle, northwest-trending Camp fault.

The highland uplifted by the Glendale thrust shed large amounts of gravel. The remnants of this large alluvial fan, called the Overton fanglomerate, lie in the easternmost part of the park and cap several large mesas.

The *Cenozoic* ("recent-life" era) extends back 70 million years from the present. During this time earth movements have continued to frac-

GAIL BANDINI

A ladder, designed to blend with the rock, leads visitors to a close-up view of Indian artwork carved into dark patinas covering the rock surface.

BILL FIERO

ture and deform the rocks of this region. A major lateral fault, the Las Vegas shear zone, has been traced through the area to the south of the park. Movements of as much as 40 miles of lateral shearing have been described. These faults, similar in nature to the San Andreas or Garlock faults in California, probably reactivated some of the earlier faults of Valley of Fire.

A region just to the east of Valley of Fire and other areas of southern Nevada were down-warped into large closed basins by earth movements. As the waters trapped in them slowly evaporated, these Cenozoic basins became the site for the formation of salts. Magnesite, borates, and lithium-rich sediments are found in these basins adjacent to the park.

The beautiful rock formations of Valley of Fire have been created largely by the fracturing of the Aztec sandstone. Not all fractures had fault movement. Brittle old sand dunes responded to earth pressures by cracking without movement. Such fractures are called *joints*. The present vertical faces of many of the sandstone bluffs are the result of the collapse of blocks of sandstone along vertical cracks.

Framed by a whimsical arch of Mesozoic sandstone, gray limestones of the earlier Paleozoic sea fill the skyline. Compressional forces uplifted the old beds into the Muddy Mountains.

ED COOPER

15

GAIL BANDINI

Picnic areas and campgrounds are hidden among the recesses of sandstone outcrops. Here one finds privacy and the opportunity to share a quiet time with the natural world of rocks, plants, birds, lizards, and ground squirrels. The sloping rock surfaces become natural playgrounds for children and adults. The rocks tempt one's imagination (and feet) into exploring this world of shape and form.

The flow of rock reflects the flow of time. Wrinkled, etched, and scoured by time, ancient rock walls stand exposed to the inexorable eroding forces of water and wind. Melting snow and rainwater percolate downward through the sandstone. The water dissolves the cementing carbonate and iron from between the grains of sand, weakening the structure. Grain by grain the rock disintegrates. As the water emerges along exposed rock faces it evaporates into the dry desert air, leaving behind a residue of iron to veneer the rock with a dark brown or black patina of desert varnish.

THE ROCKS TODAY

Deposition of limestones, shales, and sandstones created many diverse materials ideal for the sculptor. Earth movements arranged these materials in an interesting manner, resulting in folds, faults, and joints. But the beauty seen in the rocks of Valley of Fire is chiefly the result of that great sculpturing process of geology—erosion.

Chemical erosion has altered original materials and created brilliant colors in the rocks. The addition of reds by rusting iron minerals, the creation of white sandstones by the leaching out of iron, and the mixing of all shades on the palette of chemical change have resulted in the colorful diversity we see today.

Chemical action has added soluble materials —lime and silica—to the groundwater. Moving through the joints and fault surfaces of Aztec sandstone, these chemicals occasionally find an environment for precipitation. The joints are sometimes filled with these chemicals. After precipitation the newly formed minerals of calcite or

Nature is the master sculptor.

Rock, one of the hardest substances in the natural world, is gently shaped and molded into fanciful forms and shapes by water, one of the most pliable and flexible substances. Out of such a paradox is created beauty. Dark and light contrast to highlight the sculpted forms. Internal structure and layering of the rock add a delicate flow to the external structure. Inner dimensions of the rocks' memory of long-past events control and shape the present outline of the eroding remnants of the past.

DAVID MUENCH

18

Rock defies destruction, but this is an illusion of permanence. Time is the most powerful and subtle of nature's tools. We see an instant of time—one frame in a continuum of the millenia. A moment earlier the scene was different; a moment later it will be gone.

JEFF GNASS

Cementation focuses around a nucleating point such as a quartz crystal or an iron grain. The binding carbonate then grows outward in spherical shells from this point. Freed by erosion at the surface, these hardened spheres weather out as "Indian marbles."

K. C. DENDOOVEN

quartz, often harder than the surrounding sandstone, are left standing as narrow ridges after the sandstone has eroded away. Where blocks have sheared off, the vertical joints thus exposed are often veneered with the white mineral deposits.

Other joint surfaces are coated with a black substance. This "desert varnish" results from chemical action, perhaps further modified by microscopic plants. Leached from the rocks by the movement of water, iron and manganese are deposited on the rock surface as water emerges and evaporates over thousands of years. These blackened surfaces were favored by the first inhabitants of the Valley of Fire as ideal sites for carving rock art.

Both groundwater and rainwater are constantly dissolving the cement between sandstone grains of the Aztec. Due to variations in permeability, the original cementation was discontinuous and irregular. As a consequence some parts of the sandstone are more readily attacked by water. Holes and hollows in the sandstone result, making the Aztec a natural playground for children.

Some particularly well-cemented parts of the sandstone have resisted chemical destruction by water; knobs, ridges, and fins are the results.

The "Seven Sisters" shelter picnics from the desert sun and wind. These erosional remnants have near-vertical faces, resulting from collapse along fractures in the brittle sandstone. We can speculate about future shapes by observing cracks in the existing forms.

Small knobs sometimes weather free from the sandstone, leaving round "Indian marbles" at the base of the bluffs.

Sand grains released from the cemented formation are blown into small dunes, which then create ecological habitats for many desert plants and animals. They give the curious visitor the opportunity to compare the ancient "fossil dunes" of the Aztec with modern dunes.

The park is noted for its many diverse and whimsical formations: an elephant, a duck, beehives, the "Seven Sisters," and as many varied creatures as imagination can create. Most of these features are the result of chemical sapping of cemented rock aided by the natural breakage planes of joint and bedding surfaces.

Contrary to common belief, wind has not been as active an erosion agent within the park as has water. Chemical dissolution, freezing and thawing with resultant expansion in joint surfaces, and the effect of the raindrop give water more importance than wind as an erosive force. Anyone who has witnessed the intensity of a desert thunderstorm and the power of a flash flood following it can attest to the carrying strength of water in the desert. Lack of extensive vegetation results in large amounts of erosion during floods.

Windblown sand does modify the park, however. Throughout the park wind-polished stones, or *ventifacts*, can be found on the ground. Wind also distributes fine sand particles, heaping them into small dunes on the lee sides of ridges and sweeping other surfaces clean of all sand, leaving a gravel cover known as "desert pavement."

Hundreds of millions of years have witnessed the creation and modification of the materials that have made Valley of Fire one of the most geologically interesting and scenic areas in Nevada. Preservation of this unique area for future generations to appreciate in its natural state is a challenge to the sensitivity and responsibility of every traveler in this geological wonderland!

SUGGESTED READING

FIERO, G. WILLIAM. *Geology of the Great Basin.* Reno: University of Nevada Press, 1985.

LONGWELL, CHESTER R. *Structure of the Northern Muddy Mountain Area, Nevada.* Geological Society of America Bulletin, Volume 60. Boulder, Colorado: 1949.

LONGWELL, CHESTER R., et al. *Geology and Mineral Deposits of Clark County, Nevada.* Nevada Bureau of Mines, Bulletin 62. Reno: University of Nevada, Mackay School of Mines, 1965.

SHELTON, JOHN S. *Geology Illustrated.* San Francisco: W. H. Freeman, 1966.

Adaptations to the Desert

Human beings survived through thousands of years in this desert region by adaptation and ingenuity, yet they in turn were dependent upon adaptations that evolved through millions of years before they arrived. What of the plants and animals on which man depended and still depends? What are their ingenious methods of survival?

The techniques of survival in the desert are

linked within this desert ecosystem. Plants and animals have unique and interesting strategies, but both must operate within the controls imposed on them by climate and geology.

Valley of Fire occupies a portion of the Mojave Desert. This region is characterized by cold winters and hot, dry summers. Rainfall is not only sparse but also widely scattered. One part of the park may have prolific spring flowers in response to local rains, and the rest of the area may have no flowering plants at all. Scientists have determined that most annual plants require about an inch of rain during October and November to trigger germination. Excess rain promotes even more luxuriant growth. However, if there is an early freeze, autumn rains may not penetrate the

Auf

Deutsch

Komplette

Übersetzung

Nevada's Valley of Fire

Die Geschichte hinter der Szenerie®

Text von G. William Fiero

Das Valley of Fire (Feuertal) ist ein lebhafter Landstrich mit kühnen Klippen aus rotem und weißem Sandstein in der Mitte der großartigen Mojave Desert (Wüste). Die Geschichten von mächtigen Erdkräften, von sich an die Bedingungen anpassenden Lebensformen und den ersten Menschen werden alle in diesem einmaligen Parkgelände offenbar.

Published in cooperation with the Nevada Division of State Parks
by KC Publications, © 1996

DEUTSCH / GERMAN

NEVADA'S
VALLEY OF FIRE
THE STORY BEHIND THE SCENERY®
Die Geschichte hinter der Szenerie®

Dr. Fiero, ein ehemaliger Geologieprofessor der Universität von Nevada in Las Vegas, promovierte vom Dartmouth College und führte sein Studium dann an den Universitäten von Wyoming und Wisconsin fort. Bill entwickelte schon früh ein reges Interesse an der Naturgeschichte und bereiste Nordamerika und andere Kontinente, um Geologie und Naturwissenschaften zu studieren und interpretieren. Er ist wegen seiner geologischen Untersuchungen und Aktivitäten als Lehrer sehr bekannt und anerkannt. Er hat sich stets dafür eingesetzt, Nicht-Wissenschaftler zu belehren, die mehr über die natürliche Welt lernen wollen.

Übersetzung von Brigitte Morales
Herausgabe von Mary L. Van Camp
Gestaltet von K. C. DenDooven

Bild des Schutzumschlags: Das Rainbow Vista-Gebiet. Foto: Ed Cooper. Bild gegenüber der Titelseite: Der Elephant Rock (Elefantenfels). Seite 1: Bogen. Fotos: Willard Clay. Seiten 2 und 3: Sandsteinform. Foto: Jeff Gnass.

Verlag KC Publications in Zusammenarbeit mit der Nevada Natural History Association (Naturhistorische Vereinigung Nevadas) und der Nevada Division of State Parks (Staatsparkamt Nevadas).

Seite 2 und 3
Das Valley of Fire (Feuertal) ist ein lebhafter Landstrich mit kühnen Klippen aus rotem und weißem Sandstein in der Mitte der großartigen Mojave Desert (Wüste). Die Geschichten von mächtigen Erdkräften, von sich an die Bedingungen anpassenden Lebensformen und den ersten Menschen werden alle in diesem einmaligen Parkgelände offenbar.

Aus einem uralten Meer entstand ein Tal aus Feuer
Seite 4 Text
Die frühesten Geschichten des Gebiets, in dem das Valley of Fire liegt, sind nicht auf den Seiten der geologischen Geschichte zu finden. Die ältesten Steine liegen an keiner einzigen Stelle im Park an der Oberfläche. Die ältesten Steine der Erde sind etwas älter als 4 Milliarden Jahre, aber der älteste Stein im Valley of Fire ist ungefähr 600 Millionen Jahre alt - ganz jung im Vergleich!

Wenn man das umliegende Gebiet jedoch genauer unter die Lupe nimmt, kann man Felsen finden, die weit mehr als eine Milliarde Jahre alt sind und auf Ereignisse hinweisen, die vor langer Zeit im Valley of Fire stattfanden.

Weiter im Norden, im nordwestlichen Utah, finden wir die ältesten Steine der Region. Diese *metamorphen* Felsen, die durch große Hitze und hohen Druck aus vorher vorhandenen Steinen entstanden, sind weit mehr als 2 Milliarden Jahre alt. Zu jener Zeit befanden sie sich in der Nähe des südlichen Randes des nordamerikanischen Kontinents, und unser Gebiet bildete Teil des Meeresbodens.

Der Meeresboden verschob sich dann nach Norden dem Kontinent zu. Inseln, Anstiege des Ozeans und vielleicht sogar Teile anderer Kontinente wurden am Grund des sich bewegenden Meeresbodens mitgeschleppt. Dieses riesige Förderband drückte seine Ladung gegen den südlichen Teil des Kontinents. Der heutige "Kehricht" der ozeanischen Platte an dieser Stelle gehört zu den ältesten Felsen, die je im südlichen Nevada studiert wurden. Diese Felsen sind ungefähr 1,7 Milliarden Jahre alt. Das uralte Gestein wurde im Verlauf der Zeit in metamorphe Felsen verwandelt. Geschmolzenes Material drang ein und kühlte zwischen den metamorphen Steinen der Inseln ab. Sie liegen wahrscheinlich unter dem Valley of Fire.

Der nordamerikanische Kontinent wurde durch diesen Landzuwachs größer. Was die Geologie gibt, kann sie jedoch auch wieder wegnehmen. Vor etwa einer Milliarde von Jahren bildete eine thermale Schwellung einen großen, von Norden nach Süden verlaufenden Falz quer durch den neu entstandenen Kontinent. Weit im Osten des Valley of Fire brach diese Erhebung und riß den Kontinent entzwei. Der Riß öffnete sich in nördlicher Richtung ungefähr durch den mittleren Teil des Staates Nevada. Der westliche Teil trieb langsam von Nordamerika weg. Der Riß füllte sich mit dunklem, schwerem, heißem geschmolzenem Material von unterhalb der Erdkruste. Meerwasser floß über die tiefliegenden, schweren Felsen des Risses, und ein neuer Ozean entstand. Das westliche Fragment von Nordamerika gehört nun wahrscheinlich zu Asien und bildet einen Teil von Zentral-Siberien.

Seite 4-5 oben

Aus diesen schrägliegenden Sandsteinfelsen haben die geologischen Prozesse der Erosion anmutige Formen gebildet. Das Wasser ist die aktivste Erosionskraft, sogar hier in der Wüste. Zusammen mit der unvorstellbaren geologischen Zeit formt es küstlerische Gestalten.

Seite 5-6 Text

Die thermale Schwellung dem Rand des alten Risses entlang zog sich langsam zusammen, als die Hitze von unten abnahm. Der kontinentale Rand des neuen Ozeans sank nach und nach unter die Wasseroberfläche. Meerwasser floß über den zusammengezogenen, gesunkenen Rand des Kontinents, und der Ozean bedeckte das Valley of Fire. Das südliche Nevada gehörte nicht zu einer ozeanischen Platte, sondern bildete Teil des untergegangenen kontinentalen Randes.

Wenn man außerhalb des Besucherzentrums steht und den trockenen, heißen Wüstengrund im Westen überblickt, fällt es einem schwer, sich diese so weit zurückliegende geologische Vergangenheit des Valley of Fire vorzustellen. Vor fast 600 Millionen Jahren nahm das Meer von diesem Landstrich Besitz. Sein glitzerndes Wasser war Hunderte von Metern tief und erstreckte sich so weit das Auge reichte. Eine Vielfalt von Tieren und Pflanzen gedieh im warmen Gewässer, Lebensformen, die im Verlauf der 300 Millionen Jahren langen Lebensdauer dieses Meeres immer komplexer wurden. Einfache Würmer und Quallen machten komplexen Fischen und Muscheln Platz.

Das Leben paßte sich dieser fruchtbaren Umgebung ausgezeichnet an, und praktisch jede Nische war von Lebewesen besetzt. Von Zeit zu Zeit zog sich die See zurück und hinterließ ganze Haufen von verlassenen Muschelschalen und weite lehmige Schlammflächen, die dann unter der warmen Sonne austrockneten, barsten und verhärteten. Doch während des größten Teils dieser Zeit (des Paläozoikum) bestand die heutige Wüste als Ozean.

Dicke Haufen von Schlamm und Muschelschalen wurden in Schichten abgelagert. Jeder Wechsel in der Umgebung - Wassertemperatur, Chemie oder Wassertiefe - wurde in klar erkennbarem Kalkstein oder dem nah damit verwandten Dolomitgestein aufgezeichnet. Diese angehäuften Ablagerungen marinen Ursprungs begruben diesen Teil Nevadas unter einigen Kilometern von Karbonatsedimenten.

Diese alten Ablagerungen sind im südlichen Teil des Valley of Fire am besten sichtbar. Ein Beispiel davon ist der hohe Kamm am Horizont des Tals auf der Südseite des Besucherzentrums. Die grauen

Felsen der Muddy Mountains (Schlammige Berge) bilden den kalksteinhaltigen Friedhof zahlloser Lebewesen der einstigen See. Von der Interstate 15 (Autobahn) aus kann man diesen alten Kalkstein auch der Straße in den Park entlang sehen.

DAS LAND HEBT SICH

Vor etwa 200 Millionen Jahren hob sich der Meeresboden langsam. Die ozeanische Platte im Westen von Nordamerika begann sich schräg gegen den Kontinent zu verschieben. Diese mächtigen Kräfte im Westen hob das Land in der Nähe des Valley of Fire. Als das Wasser immer seichter wurde, wurde Schlamm von sich erhebendem Land hineingeschwämmt. Der Meeresboden, der zuvor mit Kalksteinablagerungen und Muscheln bedeckt gewesen war, wurde immer schlammiger und sandiger. Im seichteren Wasser hatten schnelle Änderungen der Temperatur und des Salzgehalts eine größere Wirkung. Schnellen und Wellen wühlten den Meeresboden oft auf. Lebensformen, die sich an das tiefe Gewässer angepaßt hatten, konnten den neuen Bedingungen nicht länger standhalten. Würmer und Muscheln, die die sandigen Verhältnisse vorzogen, bewohnten nun das seichte Wasser.

Seite 7 für Seite 6 oben

Der graue Kalkstein der Muddy Mountains bildet den Hintergrund für die roten Sandsteine des Valley of Fire. Der Kalkstein, der in einer alten See abgelagert wurde, steht in starkem Kontrast mit jüngerem Sandstein, dem Überbleibsel einer riesigen Sandwüste. Dies ist ein Land starker Kontraste.

Seite 7 oben rechts

Dieser versteinerte Baumstamm wurde nach geologischem Maßstab erst vor kurzer Zeit begraben. In einem weiteren "Augenblick" wird er wieder verschwinden. Das Holz des Stamms wurde durch Quartz und andere Mineralien ersetzt. Erdbewegungen zerbrachen die versteinerten Stämme, und Wüstenstürme zerstreuten die Fragmente.

Seite 7 unten links

Ein Regensturm, der vor mehr als 150 Millionen Jahren stattfand, hat seine Spuren auf der Oberfläche des Schiefers zurückgelassen. Die Eindrücke der Regentropfen sind so klar, daß der Sturm eben erst vorbeigezogen zu sein scheint. Felsen halten den Bericht vergangener Ereignisse fest und sind so leicht wie ein Geschichtsbuch zu lesen, wenn der Beobachter einige geologische Kenntnisse hat.

Seite 7-9 Text

Die See zog sich bald vollständig aus der Region zurück, und der von Wasser durchtränkte, mit Rillen markierte Schlamm trocknete im warmen, sonnigen Klima aus und wurde rissig. Der Regen ließ Mulden auf der Oberfläche zurück; seine Spuren sind heute neben den Spalten und Rillen im Felsen sichtbar. Träge Ströme flossen durch das Gelände und lagerten Schichten gröberen Sandes auf dem Schlamm ab. Von Zeit zu Zeit wuchs der Abfluß durch Regengüsse zu reißenden Strömen heran, und gröberer Kies wurde vom fernen Hochland her heruntergespült. Diese Fluten brachten oft Zweige, Äste und Baumstämme mit sich, die den heutigen Nadelbäumen gleichen.

Einige der im Schlamm vergrabenen Stämme wurden langsam umgewandelt. Ein Holzmolekül nach dem anderen wurde durch Quartz und andere Mineralien ersetzt, und so wurden die Stämme zu den heutigen versteinerten Stämmen. Viele der Eisenkomponenten im Sand und Schlamm oxidierten und bildeten Rost, weil die Sedimente der Luft ausgesetzt wurden. Rote, violette, lila und rosa Farben herrschen im ehemaligen Sand und Schlamm vor. Geologen nennen diese Ablagerungen die Moenkopi-, Shinarump- und Chinle-Formationen. Diese Felsnamen stammen von Ortschaften in der Navajo-Reservation im Osten, wo die Schichten klar sichtbar sind.

In diesen Schichten befinden sich nur wenige Fossilien, denn der Sauerstoffgehalt der Umgebung zersetzte Pflanzen und Tiere schnell. An anderen Stellen sind einige Fußabdrücke und Knochen von Dinosauriern und anderen Reptilien entdeckt worden, wie zum Beispiel im Gebiet nordöstlich des Grand Canyon. Versteinertes Holz ist die Fossilienart, die im südlichen Nevada am häufigsten vorkommt.

Sand-, Kies- und Schlammformationen gibt es im Valley of Fire viele. Der Großteil des Tals der von Osten nach Westen verlaufenden Hauptstraße des Parks enthält solche Ablagerungen. Weil sie weich sind, werden sie leicht abgetragen, und an den meisten tiefer gelegenen Stellen im Park sind diese Schichten sichtbar. Diese Ablagerungen stammen aus dem Mesozoikum. Im Verlauf der 75 Millionen Jahre, während derer hier Schlamm und Sand vorherrschten, wurden auf dem Kalkstein des Valley of Fire ungefähr 1350 m dieser Ablagerungen zurückgelassen.

Der in diesen Schichten von austrocknenden Seen abgelagerte Gips bildet nun ein Problem für die Parkverwaltung. Das Grundwasser ist mit diesen löslichen Salzen gesättigt und ist so hart und salzig, daß es in einigen Gebieten fast mit Meerwasser vergleichbar ist. Wasser ist ein kostbares Element im Valley of Fire, und wir müssen uns alle bewußt bemühen, es für zukünftigen Gebrauch zu erhalten.

DIE WÜSTE DER VERGANGENHEIT

Wer den Park um die Mittagszeit im Sommer besucht, braucht kaum an die ungeheure Macht der Wüste erinnert zu werden. Die sengende Hitze und der Wassermangel scheinen unerträglich zu sein. Doch in vergangenen Zeiten unterlag das Tal klimatischen Bedingungen, die noch mehr als die heutige Wüste von seinen Bewohnern abverlangte. Mehrere Zehnmillionen von Jahren lang war das Gebiet des heutigen Parks eine öde Wüste mit Sanddünen. Der Wind wirbelte den Sand auf und bildete daraus in mehrwinkligen Schichten in fantastischen Formationen. Tausende von Metern von Sand wurden durch den Wind von fernen Bergen in diesem Gebiet angehäuft.

Heutzutage bilden diese versteinerten, fast 800 m dicken Dünen die schön geformten roten und weißen Sandsteinklippen, den landschaftlich attraktivster Aspekt des Valley of Fire. Die vollkommen erhaltenen kurvigen Schichten des vom Wind verblasenen Sandes illustrieren eine Seite im Geschichtsbuch des mehr als 140 Millionen Jahre alten Mesozoikum. Dieser Sandstein, von Geologen auch aztekischer Sandstein genannt, erstreckt sich über große Gebiete des Südwestens. Die großen Türme und Klippen des Zion National Park in Utah und des Red Rock Canyon westlich von Las Vegas, Nevada, entstammen diesen Formationen. An anderen Stellen in dieser Schicht wurden einige Fragmente von Dinosaurierknochen gefunden, aber wegen des hohen Sauerstoffgehalts gibt es nur wenige Fossilien.

Unter den Farben des Sandsteins kommt von tiefem Rot und Violett bis zu Beige und Weiß alles vor. Kaum bemerkbare Variationen im Farbton sind auf das Grundwasser zurückzuführen, das durch den Sand sickert und das oxidierte Eisen mit sich führt. Durch die Analyse der einzelnen Sandsteinschichten kann man den Pfad uralter, sich langsam bewegender, unterirdischer Gewässer verfolgen. Diese Gewässer veränderten die chemische Zusammensetzung der Mineralien und wandelten sie um. Daraus entstand eine angenehme, kunstvolle Mischung von Farben.

Seite 8 unten

Schrägliegender Schiefer des Mesozoikums beherrscht die Landschaft in den niedriger gelegenen Gebieten des Parks. Die blassen rötlichen, violetten und braunen Töne stammen von eisenhaltigen Mineralien. Dieser uralte Schlamm wurde von trägen Flüssen und Schlammflächen am Meeresufer entlang abgelagert. Damals herrschten andere Umstände - nur ein paar Grad nördlich des Äquators, mit warmer und feuchter Luft. Dinosaurier liefen auf diesem Schlamm.

Seite 9 oben

Vor 140 Millionen Jahren bedeckte eine große sandwüste den Großteil des Südwestens des Kontinents. Im Verlauf von Jahrmillionen wurde ein markantes Relief aus den schrägen Schichten dieser alten Sanddüne geschnitzt. Der Wechsel der Windrichtung in alten Zeiten wird durch die Erosion an den Tag gebracht. Diese Wüstenumgebung ist im Aztekensandstein im Park wunderschön erhalten geblieben.

Seite 9 unten

Die Erosion sucht die schwächsten Stellen im Stein aus. Die Sandsteinschichten haben weiche Zwischenschichten, die die Erosionskräfte anders angreifen. Wo der Fels besonders anfällig ist, bilden sich Löcher. Die eindringenden Kräfte des Wetters lassen fantasievolle Gebilde zurück.

Seite 10-11 Text

An einigen Stellen des Parks, wie zum Beispiel in den Gebieten beim Besucherzentrum und dem Atlatl-Felsen, weisen die Felsen eine tiefrote Farbe auf. Auf dem Weg zu den White Domes (den weißen Kuppeln) werden die Farben langsam abgestuft, während sie bei den White Domes fast ganz weiß sind.

DIE ERDE BEWEGT SICH

Thermale Änderungen tief unter der Erdkruste bringen das Land zum Steigen. Im magmatischen Innern der Erde erzeugt die Hitze große, wirbelnde Ströme. Diese langsamen konvektiven Bewegungen üben Druck auf die dünne Schicht der harten Kruste an der Oberfläche aus. Die Oberfläche gibt diesem ungeheuren Druck nach, indem sie sich bewegt. Mit der Verschiebung der Kruste setzt sich eine Massenbewegung großer Stücke in Gang, die *Platten* genannt werden.

Einige dieser Platten werden dabei voneinander getrennt. Aus solchen entgegengesetzten Bewegungen entstehen große Risse in der Kruste. Diese Risse werden wiederum schnell mit *Magma* vom Erdinnern gefüllt. Das geschmolzene Material kommt aus der Tiefe. Es ist schwer, flüssig und normalerweise schwarz. Es sinkt tief in die darunterliegende Magmamasse ein und landet in den topographisch tiefer gelegenen Gebieten der Erdoberfläche. Das Wasser, das auf die Kruste fällt, fließt in diese tiefer gelegenen Gebiete. In den Jahrtausenden der frühen Erdgeschichte füllten sich diese Becken langsam mit Wasser. Sie bilden die Ozeanbecken unseres Planeten.

Andere Platten bestehen aus leichtgewichtigen, kieselerdehaltigen Felsen, die in jenen frühen Tagen der Erdgeschichte zur Oberfläche schwammen. Dieser hellfarbene Kieselschlamm enthält die ältesten Felsen der Erde. Er bildet die Kontinente.

Wenn Platten sich gegeneinander verschieben, werden die schweren Ozeanplatten unter die leichteren Kontinente gezwängt. Diese Verdrängung in stygische Tiefen unter den massiven Kontinenten wärmt die Ozeanplatten auf, bis sie eines Tages schmelzen. Aber bevor sie zerstört werden, drücken sie von unten auf die Kontinente. Die Landoberfläche darüber buckelt sich auf und wird gehoben. Und wenn der leichtere Teil der schweren Platte schmilzt, wird Magma nach oben in die darüber liegenden Kontinente gedrückt. Diese Magmamassen kommen oft als Vulkane an die Oberfläche. Auf dem Weg nach oben vermischen sie sich mit Kieselerde. Diese chemische Veränderung erzeugt sehr klebriges und zähflüssiges Magma. Die "Leitungen" dieser Vulkane sind deswegen laufend verstopft; deshalb sind sie äußerst explosiv.

Gegen Ende des Mesozoikum verschob sich die Meeresplatte unter dem Pazifik im Westen Nordamerikas direkt gegen den Kontinent. Die schwere Ozeanplatte kam zwangsweise unter Nordamerika zu liegen. Dort erzeugte sie riesige Druckkräfte, als sie der Verschiebung zu widerstehen versuchte. Die schmelzende Platte drückte auch ihre leichteren Komponenten als unermeßliche magmatische Eindringlinge nach oben in den Kontinent hinein. Die abgekühlten Reste dieser vulkanischen Eindringlinge bilden heute den Kern der Sierra Nevada Mountains. Diese große Granitmasse zwängte sich in die Kruste hinein und schob auf ihrem mächtigen Weg nach oben alle vorhandenen kontinentalen Felsen beiseite. Diese eindringenden Kräfte verdoppelten den Druck in der Erdkruste der westlichen Vereinigten Staaten.

Im Valley of Fire hat die Erde auf den unerbittlichen Druck dieser weit entfernten Ereignisse reagiert. Ein großer Gürtel von Erdbewegungen erstreckte sich vom südlichen Nevada bis nach Kanada im Norden. Die Felsen im Westen wurden nach Osten verschoben und ineinander verschachtelt wie ein riesiges Kartenspiel. Diese Bewegungszone wird als Sevier Orogenic Belt (Sevier-Orogenischer Gürtel) bezeichnet. Der Druck erzeugte riesige Verwerfungen und große Gebiete mit gefalteten Felsen. Zwei der größten der Verwerfungen dieser Sevier-Bewegung liegen im oder nahe beim Valley of Fire.

Seite 11 oben

Das Licht des späten Abends wirft tiefe Schatten auf die rauhe Landschaft des Parks. Die Kontraste dieser wilden und schönen Landschaft kommen zu dieser Tageszeit stärker zum Ausdruck. Die Erdtöne zwischen dem schrägen roten und weißen Sandstein scheinen in der Intensität der letzten Sonnenstrahlen zu vibrieren. Die Berge in der Ferne stechen mit ihren dürren und runzligen Falten vom Himmel ab. Der schrille Ruf einer Schluchtwachtel durchdringt die Stille der Wüste, und Raben kehren mit rauschendem Flügelschlag in ihre Nester in den schattigen Löchern der Schluchtwände zurück. Die Nacht breitet sich wieder über den Park aus.

Seite 12 oben

Die grauen Kalksteinschichten der paläozoischen See heben sich vom Horizont ab. Sie ragen über den roten Wüstensandstein der jüngeren mesozoischen Periode hinaus. Die Macht der Erdkräfte hat die Millionen von Tonnen alter grauer Felsen über den jüngeren Sandstein erhoben. Im Valley of Fire haben titanische Kräfte die Erdkruste verschoben.

Seite 12 für Seite 13, oben

Im Winter ist ein Besuch im Park besonders eindrucksvoll. Es herrscht tiefe Stille. Die mit Schnee bepuderten Virgin Mountains ("Jungfrau-Berge") bilden den Hintergrund der rauhen Landschaft des Valley of Fire. Das Besucherzentrum scheint sich im Schutz der Felsen zusammenzukauern.

Seite 12 unten

Die quer übereinander liegenden Schichten von Fossilsanddünen wurden von der Erosion aufgedeckt. Vor 140 Millionen Jahren blies der Wind Sandkörner sanft den Hang einer Düne hoch. Die Körner fielen auf der steileren Seite der Düne im Windschatten hinunter. Als der Wind die Richtung änderte, wurde die alte Dünengeometrie zunichte gemacht, und eine neue Düne entstand. Diese Querschichten verleihen den Felsen ein attraktives Aussehen.

Seite 13-15 Text

Die Berge bildenden Kräfte im heutigen Parkgebiet begannen nach der Ablagerung des Aztek-Sandsteins. Die genaue Zeit dieses Ereignisses ist nicht bekannt, aber es fand wahrscheinlich vor ungefähr 100 Millionen Jahren statt. Das Land wurde vom Atlatl-Felsen her durch das Tal südlich des Besucherzentrums bis zum östlichen Parkeingang in eine riesige Falte gelegt. Diese Falte, auch *Antiklinale* genannt, wird östlich des Besucherzentrums sichtbar. Sie hat die Felsen nach Osten geneigt. Die Felsen auf der westlichen Seite des Tals neigen nach Westen. Wie ein großer umgekehrter Löffel läuft die Antiklinale abwärts auf Lake Mead zu. Der widerstandsfähige Aztek-Sandstein wurde dieser Falte entlang in einen großen Hügel gedrückt. Doch im Verlauf der Zeit hat die Erosion den höchsten Teil des Aztek-Sandsteins entfernt und den weichen Schiefer der Chinle-Formation unter dem Sandstein an den Tag gelegt. Diese Schlammassen waren der Erosion sehr ausgesetzt, und heute nimmt ein breites Tal die Stelle ein, wo vorher die Spitze der Falte lag.

Als Reaktion auf den Druck in der Kruste entstanden nicht nur riesige Falten, sondern auch Verwerfungen unermeßlichen Umfangs. Diese großen Risse in der Kruste müssen in der Gegend für schwere Erdbeben gesorgt haben. Die Druckkraft drückte die Felsen zusammen. Der daraus entstehende Druck wurde erst dann gelöst, als große Felssegmente in einem Winkel über jüngere Sedimente gestoßen wurden.

Solche Bewegungen, die als *abnorme Verwerfungen* bezeichnet werden, zwangen den alten Kalkstein des urzeitlichen Meeres über die Sanddünenablagerungen des Aztek-Sandsteins. Der alte graue Kalkstein wurde über mindestens 22 km hinweg nach Norden geschoben, und die ganze Verwerfung kann die Felsen über ein Mehrfaches von zehn Kilometer über den Aztek-Sandstein verschoben haben. Diese große Verwerfung ist als Muddy Mountain-Falte bekannt. Der bekannte Geologe Dr. Chester Longwell hat sie zuerst verzeichnet.

Im Süden des Besucherzentrums werden die hohen, grauen Kalksteinklippen der Muddy Mountains sichtbar. Sie gehören zum oberen Teil der Verwerfung. Die unglaublichen Kräfte, die zum Bewegen von großen Krustensegmenten notwendig sind, lassen die Kraft des Menschen sehr klein erscheinen. Vom erhobenen Hochland fiel Erosionskies ab; dieser Kies kann heute im östlichen Teil des Parks angetroffen werden.

Weiterer Druck erzeugte eine große, fast vertikale Verwerfung, die die Felsen der Muddy Mountains Tausende von Metern erhob und so den Kalkstein des Meeres neben den oberen Teil des Aztek-Sandsteins legte. Diese Verwerfung heißt Arrowhead-Verwerfung (Pfeilspitze) und erstreckt sich von Osten nach Westen der Südseite des Tals entlang, wo sich das Besucherzentrum und der Atlatl-Fels befinden. Die grauen Kalksteine, die zuerst von der Muddy Mountain-Verwerfung nach Norden geschoben wurden, wurden nun von der fast senkrechten Arrowhead-Verwerfung gebrochen und gehoben. Die Linie der Verwerfung, wo der graue Kalkstein auf den roten Aztek-Sandstein trifft, ist südlich des Besucherzentrums klar sichtbar.

Der Arrowhead-Verwerfung entlang wurden Bewegungen entdeckt, die auf eine seitliche Abscherung (seitliche Verschiebung von Krustenstücken) hinweist. Auf diese Art wurde die Muddy Mountain-Region in Bezug auf das Valley of Fire nach Osten verschoben, und zwar vor nicht allzu langer Zeit.

Nach der Bildung der Muddy Mountains- und Arrowhead-Verwerfungen verschob die noch größere die Glendale-Verwerfung vor etwa 70 Millionen Jahren noch ein Segment der Kruste über den grauen Kalkstein der Muddy Mountain-Verwerfung. Davon zeugt hauptsächlich das Gebiet nördlich des Parks. Diese Verwerfung kehrte Teile des darunter liegenden Blocks um und erzeugte eine Serie von subsidiären vertikalen Verwerfungen und Erhebungen. Zu dieser Zeit wurde die wichtigste Antiklinale des Valley of Fire wahrscheinlich erneut gefaltet.

Hinweise auf diese subsidiären Verwerfungen sind überall im Park zu sehen. Die Ostseite des Aztek-Sandsteins beim Atlatl-Felsen ist durch eine fast senkrechte Verwerfung abgegrenzt. Der Sandstein sank der Atlatl-Verwerfung entlang. Vom Picknickplatz am Atlatl-Felsen aus kann man den Aztek-Sandstein und die Petroglyphen darauf sehen, und unmittelbar im Osten davon, auf derselben Höhe, werden die Schlammschichten der älteren Chinle-Formation sichtbar. Westlich der großen Sandsteinblöcke des Atlatl-Felsen fiel grober Kies der fast senkrechten, von Norden nach Westen verlaufenden Camp-Verwerfung entlang an den Fuß des Aztek-Steins.

Vom von der Glendale-Falte erhobenen Hochland fielen große Kiesmengen ab. Die Überreste dieses angeschwemmten Schuttkegels, die als das Overton-Fanglomerat bezeichnet werden, liegen im östlichsten Teil des Parks und bedecken einige große Hochebenen.

Das *Zenozoikum* liegt 70 Millionen Jahre zurück. Während dieser Zeit haben Erdbewegungen die Felsen dieser Gegend weiterhin zerbrochen und verformt. Eine wichtige seitliche Verwerfung, die Las Vegas "Shear Zone", zieht sich durch das Gebiet südlich des Parks. Hier gab es Bewegungen von bis zu 64 km langen seitlichen Abscherungen. Diese Verwerfungen, vergleichbar mit den Andreas- oder Garlock-Verwerfungen in Kalifornien, haben wahrscheinlich einige der früheren Verwerfungen des Valley of Fire wieder aktiviert.

Das Gebiet im Osten des Valley of Fire und andere Regionen im südlichen Nevada wurden von Erdbewegungen in riesige geschlossene Becken verwandelt. Als das dort gefangene Wasser langsam verdunstete, bildeten sich in diesen Becken des Zenozoikums viele Salze. In diesen Becken in der Nähe des Parks finden sich Magnesiumkarbonat, borsaure und lithiumhaltige Sedimente in großen Mengen.

Die schönen Felsformationen im Valley of Fire entstanden hauptsächlich durch Brüche im Aztek-Sandstein. Nicht alle Brüche waren Verwerfungen ausgesetzt. Brüchige alte Sanddünen reagierten auf den Druck der Erde, indem sie ohne merkliche Bewegungen barsten. Solche Brüche werden *Spalten* genannt. Die heutigen vertikalen Wände vieler der Sandsteinbrocken entstanden, als Steinblöcke den senkrechten Spalten entlang abbrachen.

Seite 14 für Seite 15 oben

Die Sandsteinformationen im Valley of Fire lagen einst unter Kies begraben. Die umliegenden Muddy Mountains, von Verwerfungen erhoben, ragen Tausende von Metern über den Sandstein hinaus. Das Hochland wurde von der Erosion abgetragen, und der umliegende Fels blieb unter dicken Kiesschichten vergraben liegen. Doch die Erosion gibt vieles und nimmt es dann wieder weg. Sie fraß die Kiesdecke später wieder auf und ließ im östlichen Teil des Parks nur Reste davon auf den Ebenen zurück.

Seite 14 unten

Eine Leiter, deren Design an das umliegende Gestein angepaßt ist, führt Besucher zu indianischen Kunstwerken, die in die dunklen Schichten auf der Felsoberfläche geschnitzt wurden.

Seite 15 unten

Dieser wunderliche Bogen aus mesozoischem Sandstein rahmt den grauen Kalkstein des früheren Paläozoikum am Horizont ein. Kompressionskräfte erhoben die alten Schichten in die Muddy Mountains.

Seite 17 oben

Picknick- und Zeltplätze liegen zwischen Sandsteinbrocken versteckt. Hier kann man sich ungestört und in Ruhe an der natürlichen Welt der Felsen, Pflanzen, Vögel, Eidechsen und Erdhörnchen erfreuen. Die schräge Felsoberfläche wird zum natürlichen Spielplatz für Kinder und Erwachsene. Die Felsen verlocken die Vorstellungskraft (und die Füße) zum Erkunden dieser Welt der Gestalten und Formen.

Seite 17 für Seite 16

Das Fließen der Felsen wiederspiegelt den Fluß der Zeit. Uralte, verrunzelte, zerfressene und von der Zeit abgeschliffene Felswände sind der unermüdlichen Erosionskraft von Wasser und Wind ständig ausgesetzt. Schmelzender Schnee und Regenwasser rieseln durch den Sandstein hinunter. Das Wasser löst bindendes Karbonat und Eisen zwischen den Sandkörnern auf und schwächt die Struktur so. Der Fels löst sich langsam auf. Wenn das Wasser an der Felswand an die Oberfläche dringt, verdunstet es an der trockenen Wüstenluft und hinterläßt einen Eisenrest, der den Felsen mit einer dunkelbraunen oder schwarzen Patine von "Wüstenlack" überzieht.

DIE FELSEN DER GEGENWART

Die Ablagerungen von Kalkstein, Schiefer und Sandstein schufen diverse ideale Materialien für den Bildhauer der Natur. Bewegungen der Erde arrangierten diese Materialien auf interessante Weise und bildeten Falten, Verwerfungen und Spalten. Doch die Schönheit der Felsen im Valley of Fire ist hauptsächlich das Werk des großen Bildhauers der Geologie - der Erosion.

Chemische Erosion hat das ursprüngliche Material verändert und leuchtende Farben im Gestein geschaffen. Der Zusatz von Rot durch rostige Eisenmineralien, die Schöpfung von Weiß durch wegsickerndes Eisen und das Mischen der Töne auf der Palette chemischer Änderungen führten zur farbenfrohen Vielfalt, die uns heute vor Augen steht.

Durch die chemischen Vorgänge wurden dem Grundwasser lösliche Materialien - Kalk und Kieselerde - hinzugefügt. Auf ihrem Weg durch die Spalten und Verwerfungen an der Oberfläche des Aztek-Sandsteins stoßen diese Chemikalien manchmal auf eine Stelle, wo sie sich niederschlagen können. Die Spalten sind manchmal voll von diesen chemischen Stoffen. Nach dem Niederschlag bleiben die neu geformten Kalk- oder Quarzmineralien als schmale Klippen zurück, auch nachdem der Sandstein schon abgetragen wurde. Dies ist möglich, weil die Mineralien härter als der Sandstein sind. Wo ganze Blöcke abgeschert wurden, sind die senkrechten Spalten nun sichtbar und mit einer weißen Mineralienschicht überzogen.

Andere Spaltenoberflächen wurden mit einer schwarzen Schicht versehen. Dieser "Wüstenlack" entsteht aus einer chemischen Reaktion und wurde vielleicht von mikroskopisch kleinen Pflanzen gefördert. Das durchsickernde Wasser führt Eisen und Mangan mit sich und lagert diese Elemente auf der Felsoberfläche ab, wenn es im Verlauf der Jahrtausende durch den Felsen dringt und verdunstet. Diese geschwärzten Oberflächen wurden von den ersten Bewohnern des Valley of Fire zum Schnitzen verwendet.

Sowohl Grundwasser als auch Regenwasser lösen den Zement zwischen den Sandsteinkörnern des Aztek-Steins allmählich auf. Wegen unterschiedlicher Wasserdurchlässigkeit war der ursprüngliche Zement unregelmäßig. Deswegen sind gewisse Teile des Sandsteins dem Angriff des Wassers stärker ausgesetzt. Löcher und Höhlen entstehen im Sandstein, und der Aztek-Sandstein wird zum natürlichen Spielplatz für Kinder.

Einige besonders gut zementierte Stellen des Sandsteins haben der chemischen Zerstörung durch Wasser widerstehen können; Knöpfe, Kanten und Finnen resultieren aus diesen Stellen. Kleine Knöpfe werden manchmal ganz vom Sandstein gelöst und bleiben als "indianische Murmeln" am Fuß der Felsbrocken zurück.

Sandkörner, die von der zementierten Formation gelöst werden, landen in kleinen Dünen, die ihrerseits das ökologische Habitat für viele Wüstenpflanzen und Tiere bilden. Sie ermöglichen es dem wissensdurstigen Besucher, die uralten versteinerten Dünen des Aztek-Steins mit modernen Dünen zu vergleichen.

Der Park ist bekannt für seine vielen verschiedenartigen und wunderlichen Formationen: es gibt einen Elephanten, eine Ente, Bienenkörbe, die "Seven Sisters" (sieben Schwestern) und so viele verschiedene Formen, wie man sich nur vorstellen kann. Die meisten dieser Merkmale entstanden durch den chemischen Abzug des zementierten Felsen und die natürlichen Bruchstellen von Spalten und Oberflächen.

Entgegen allen Erwartungen hat der Wind hier im Park nicht so aktiv zur Erosion beigetragen wie das Wasser. Als Erosionskraft steht dem Wasser größere Rolle zu als dem Wind, und zwar wegen der chemischen Auflösung, wegen des Gefrierens und Auftauens und der daraus entstehenden Expansion in Spalten, und wegen der Wirkung des Regens. Wer die Intensität eines Wüstensturms und die Macht einer Sturzflut nach dem Sturm schon einmal erlebt hat, kann die Gewalt des Wassers in der Wüste bezeugen. Der Mangel an Vegetation führt zu umfangreicher Erosion in einer Flut. Vom Wind hin- und hergeblasener Sand hat jedoch auch seine Auswirkungen im Park. Im ganzen Park kann man vom Wind polierte Steine oder "Ventifakte" am Boden finden. Der Wind verteilt auch kleine Sandpartikel, häuft sie im Windschatten von Kämmen zu kleinen Dünen an und fegt andere Oberflächen ganz rein, wodurch dort dann die kiesige Oberfläche zurückbleibt, die als "Wüstenpflaster" bekannt ist.

Hunderte von Millionen Jahren haben die Erschaffung und Änderung der Materialien miterlebt, die aus dem Valley of Fire eines der geologisch interessantesten und landschaftlich schönsten Gebiete Nevadas gemacht haben. Die Erhaltung dieser einmaligen Region, damit zukünftige Generationen sie in ihrem natürlichen Zustand genießen können, ist die Herausforderung an das Verantwortungsgefühl der Reisenden in diesem geologischen Wunderland.

Seite 18

Die Natur ist der Meisterbildhauer.
Felsen, eine der härtesten Substanzen der natürlichen Welt, werden vom Wasser, einer der flexibelsten Substanzen, sanft zu fantasievollen Formen und Gebilden gemacht. Aus diesem Paradox entsteht Schönheit. Der Kontrast von Licht und Dunkel betont die Skulpturen. Die internen Strukturen und Schichten des Felsen bringen die externe Struktur zum Fließen. Die inneren Dimensionen, die an längst vergangene Erlebnisse der Felsen erinnern, kontrollieren und formen das gegenwärtige Äußere dieser Überreste der Vergangenheit.

Seite 20 oben
Felsen widerstehen der Zerstörung, doch dies ist nur eine Illusion der Beständigkeit. Die Zeit ist das mächtigste und unmerklichste Werkzeug der Natur. Wir sehen bloß einen Augenblick, ein einzelnes Bild im Kontinuum der Jahrtausende. Einen Augenblick früher sah dieser Ort anders aus; einen Augenblick später ist er verschwunden.

Seite 20 unten
Die Zementierung findet um einen Kernpunkt wie einen Quartzkristall oder ein Eisenkorn herum statt. Das bindende Karbonat wächst dann von diesem Punkt aus in kugelförmigen Schichten nach außen. Die Erosion bringt diese harten Kugeln dann an die Oberfläche, wo sie als "indianische Murmeln" zum Vorschein kommen.

Seite 21 oben
Die "Seven Sisters" ("sieben Schwestern") schützen Raststätten vor Wüstensonne und -wind. Diese Überreste der Erosion haben fast vertikale Wände, die Bruchstellen im spröden Sandstein entlang entstanden. Sprünge in den bestehenden Formen weisen darauf hin, wie diese Steinbrocken in der Zukunft aussehen werden.

Anpassung an die Wüste

Seite 22-23, 26 Text
Der Mensch hat durch Anpassung und seinen Einfallsreichtum Jahrtausende in dieser Wüstenregion überlebt, aber er ist doch auch von den Anpassungen abhängig, die Jahrmillionen vor seiner Ankunft stattfanden. Wie steht es mit den Pflanzen und Tieren, von denen der Mensch abhing und immer noch abhängt? Woraus bestehen ihre Überlebensmethoden?

Die Überlebensmethoden in der Wüste hängen in diesem Wüstenökosystem eng zusammen. Pflanzen und Tiere haben einmalige und interessante Strategien, doch beide müssen sich innerhalb der von Klima und Geologie auferlegten Einschränkungen bewegen.

Das Valley of Fire nimmt einen Teil der Mojave-Wüste ein. Dieses Gebiet zeichnet sich durch kalte Winter und heiße, trockene Sommer aus. Niederschläge sind hier nicht nur selten sondern auch zeitlich und räumlich verteilt. Ein Teil des Parks kann nach einem lokalen Regenguß üppige Frühlingsblumen hervorbringen, und der Rest des Gebiets bleibt kahl. Wissenschaftler haben festgestellt, daß die meisten einjährigen Pflanzen etwa 25 mm Regen zwischen Oktober und November brauchen, um zu keimen. Mehr Regen produziert noch üppigeres Wachstum. Wenn es aber eine frühe Frostepisode gibt, dringt der Herbstregen unter Umständen nicht in den Boden ein, und Wüstenbedingungen herrschen weiterhin vor. In anderen Worten, was im Herbst ausgelöst wird, bestimmt die Wachstumsbedingungen im Frühling.

Das geologische Substrat bestimmt die lokale Umgebung für eine Pflanze. Samen können auf nackten Felsen fallen, oder auf Sand oder vielleicht Schlamm. Jede Lebensart muß Methoden finden, um mit diesen verschiedenen Bedingungen fertig zu werden.

Das Valley of Fire bietet eine einmalige Möglichkeit zum Studium von Pflanzen. Obwohl der Park Teil der Mojave-Wüste ist, liegt er am Rand anderer Pflanzengemeinschaften. Repräsentanten dieser anderen, völlig verschiedenen Pflanzentypen sind in phantastischer Vielfalt vorhanden. Mojave-Wüstenpflanzen, die sich hauptsächlich an die heißen Wüstenbedingungen des Südwestens angepaßt haben, kommen häufig vor. Der bekannte Kreosot-Busch, Bursage und der Brittlebush gehören zu dieser Gruppe.

Mit den Wüstenpflanzen vermischt wachsen hier Sorten des Great Basin-Gebiets, die häufiger im Norden oder in höher gelegenen Gebieten vorkommen. Diese Gruppe kann sich auch an kalte Bedingungen anpassen. Zu ihr gehören Purpursalbei, "black brush" und Bananenpalmlilien. Einige Arten haben sich an das kalte Klima und den sandigen Boden des Colorado-Plateaus im Osten angepaßt und wachsen am Rand ihrer Heimat im Valley of Fire. Im sandigen Boden des Aztek-Sandsteins gedeihen diese kräftigen Pflanzen: zu ihnen gehören das "spanische Bayonett" mit seinen langen, speerartigen Blättern und der "Mormonentee".

ÜBERLEBENSSTRATEGIEN DER PFLANZEN

Die harten Lebensbedingungen der Wüsten haben ihren Einwohnern einmalige Anpassungen abverlangt. Mit der heißen Sonne und dem dürftigen Regenfall muß gerechnet werden, wenn eine Lebensform überleben will.

Der Kreosotbusch ist der Sonne nicht mehr so stark ausgesetzt, weil er die Größe seiner Blätter verringert hat. Um die Hitze der direkten Sonnenbestrahlung weiterhin zu vermindern, stehen die Blätter oft vertikal, und die wachsartige Schutzschicht der Blätter verhindert die Verdunstung des gespeicherten Wassers. Dieser einfallsreiche Busch, einer der am häufigsten vorkommenden im Valley of Fire, hat auch eine Art "chemische Waffe" entwickelt. Er produziert ein Antibiotikum in seinen Wurzeln, das den Boden durchdringt und verhindert, daß sich in seiner Nähe andere Pflanzen festsetzen.

Einige Pflanzen haben die Fähigkeit entwickelt, Wasser während der häufigen Dürreperioden zu speichern. Kakteen und Palmlilien haben weit verbreitete, nicht sehr tief reichende Wurzelsysteme, die so viel wie möglich von seltenen Regengüssen absorbieren. Sie speichern das Wasser im fleischigen Gewebe. Um den Wasserverlust zu verringern, nehmen diese Pflanzen eine kugelige Form an, die ihre Oberfläche verkleinert und zur gleichen Zeit für ein großes Volumen und damit große Speicherkapazität sorgt. Es ist jedoch auch gefährlich, eine Sukkulente in der Wüste zu sein; Tiere fressen das saftige Gewebe fürs Leben gern. Doch diese Pflanzen haben sich noch weiter angepaßt, um dieser Bedrohung ihres Daseins zu entkommen. Sie haben eine Unzahl von Stacheln entwickelt, um gefrässige Besucher aus dem Tierreich abzuschrecken.

Seite 26 oben

Ein Biberschwanzkaktus in dieser trockenen Auswaschung trotzt der Erosion. Die größeren Büsche sind Kreosotbüsche, sehr häufig vorkommende Pflanzen in der Mojave Wüste. Das niedrigere Gebüsch heißt "Bursage" und wächst so oft neben dem Kreosotbusch, daß diese Pflanzenkombination als Kreosot-Bursage-Gemeinschaft bezeichnet wird.

Seite 26 für Seiten 24-25

Vorherige Seiten: Der rote und weiße geneigte mesozoische Sandstein mit dem grauen Kalkstein aus dem Paläozoikum im Hintergrund ist typisch für das Valley of Fire. Foto: Ed Cooper.

Seite 27 oben

Die tief stehende Sonne betont die Stacheln des silbrigen Feigenkaktus. Wenn ein Tier an den Kaktus stößt, wird es gleich von den Stacheln aufgespießt, die fest an der Pflanze haften. Dies verteidigt den kostbaren Wasservorrat der Pflanze vor allfälligen Gästen. Und wenn das Tier sich dann zurückzieht, bleibt ein Knötchen der Pflanze am ahnungslosen Geschöpf haften. Dieses Knötchen fällt dann zu Boden und schlägt schnell Wurzeln im Boden. Und schon ist ein neuer Feigenkaktus entstanden.

Seite 27, 30, Text

Wasser gibt es in der Wüste ungewöhnlich viel, aber es liegt Hunderte von Metern unter der Oberfläche. Diese permanente Wasserquelle wird von einer anderen Pflanzengruppe angezapft: von den *Phreatophyten* oder "Pumpenpflanzen", die tiefgehende Wurzelsysteme entwickelt haben. Diese Pflanzen, wie zum Beispiel der Mesquitstrauch und die Wüstenweide, haben die sukkulenten Eigentümlichkeiten ihrer Nachbarn nicht entwickelt, weil es für sie nicht nötig ist, Wasser zu speichern. Sie haben eine lange Lebensdauer, in der ihre Wurzeln bis zum Grundwasser unter dem Durchdringungsgebiet des Regens wachsen. Im Winter fallen ihre Blätter, wahrscheinlich um sie vor dem Frost zu schützen. Die Temperaturen sind oft zu niedrig für effektive Photosynthese, daher verringern sie das Risiko, indem sie ihre Ressourcen von den Blättern in die Holzstämme verlegen.

Die komplizierteste und häufigste Strategie für das Umgehen der Dürre wurde wohl von den einjährigen Wüstenpflanzen wie den Primeln und Sonnenblumen entwickelt. Da jede Pflanze nur eine Möglichkeit zur Fortpflanzung hat, gehen diese Pflanzen das größte Risiko ein. Wenn die Bedingungen nicht stimmen, versuchen sie es gar nicht.

Die meisten Pflanzen widerstehen der Dürre als Samen am besten. In der nächsten Phase, als Sämling, sind sie am empfindlichsten. Die einjährige Pflanze muß den Übergang unter den besten Bedingungen machen, damit die einzelne Pflanze und die Gattung überleben können.

Wie legt der Samen fest, wann die beste Zeit zum Keimen ist? Einjährige Pflanzen in feuchteren Umgebungen verlassen sich dabei auf die Temperatur und die Feuchtigkeit im Boden. Doch nur eine höhere Temperatur könnte für eine Wüstenpflanze lebensgefährlich sein. Ein kurzer Regenschauer könnte die Feuchtigkeit im Boden für eine kurze Zeit erhöhen und die Pflanze zum Keimen bringen, doch durch die schnelle Verdunstung würde sie sich bald in einer extremen Dürre befinden.

Einjährige Wüstenpflanzen haben als Strategie einen Hemmstoff in der Samenhülle entwickelt, der das Wachstum verzögert. Dieser Stoff muß weggewaschen werden, damit der Samen keimen kann, und dazu braucht es viele Wüstenstürme. Der Samen prüft sozusagen die Umgebung über lange Zeit hinaus. Wenn es genug für ihn geregnet hat, keimt er schnell mit Hilfe der Bodenfeuchtigkeit. Die Dicke dieser Hemmstoffschicht ist von einem Samen zum andern anders, auch in derselben Pflanzenart. Deshalb blühen nicht alle Pflanzen eines Gebiets zur gleichen Zeit. Eine Samenreserve bleibt im Boden, um einer möglichen Tragödie vorzubeugen, in der schlechte klimatische Bedingungen alle Sämlinge zerstören. Wenn der Samen einmal keimt, wächst er jedoch meistens bis zu seiner vollen Reife und produziert mindestens einen neuen Samen. Wenn sich die Bedingungen sich nach dem Keimen verschlechtern, können die ausgewachsene Pflanze und Blume sehr klein sein, weil sie die mageren Reserven verwendet haben, um zum Blumenstadium zu gelangen. Diese kleinen Pflanzen werden oft "belly flowers" ("Bauchblumen") genannt, weil man sich auf diesen Körperteil legen muß, um die Pflanzen genau betrachten zu können.

Die Wildblumen, die früh im Frühling blühen, produzieren ihre Samen meistens vor der Hitze und Dürre des Sommers. Wie kann eine Katastrophe vermieden werden, wenn späte Frühlings- oder frühe Sommerregen den Hemmstoff von den neuen Samen entfernen und das Keimen zu früh einsetzt? Viele erfinderische einjährige Pflanzen haben noch eine weitere Strategie entwickelt, um so ein folgenreiches Keimen im Sommer zu vermeiden. Sie brauchen eine Kälteperiode, bevor sie keimen können.

Einige einjährige Pflanzen in Abflußgebieten haben ihre eigene Technik entwickelt, um die richtige Feuchtigkeitsmenge festzustellen. Sie haben harte Samenschalen. Regengüsse führen zu Sturzfluten, die die Samen herumwerfen und abschaben. Dadurch wird die harte Schale gebrochen, und die Samen keimen, wenn die Auswaschung am meisten Wasser enthält.

Wüstenbedingungen sind sehr extrem. Die Adaptionen, denen sich Pflanzen unterwerfen, um in diesem Gebiet zu überleben zu können, sind auch extrem - und faszinierend.

Seite 28 oben

Uralte Sanddünen werden zu modernen sandigen Gebieten, wenn das Material der Natur wiederverwendet wird. Einjährige Pflanzen wie die weiße Dünenprimel und der gelbe Parry Tack-Stem bevorzugen diesen porösen Boden. Am Anfang des Frühlings blühen die Blumen sehr üppig unterhalb der Sandklippen. Ihr süßer Duft geht in der Wüstenluft bestimmt nicht verloren; er kann von weit her wahrgenommen werden.

Seite 28 unten

Wüstenstürme kommen selten vor, aber von Zeit zu Zeit fließt ein Wasserstrom über die Ausschwemmungsländer. Der danach zurückbleibende Kies und die konzentrierte Feuchtigkeit unterstützen eine einmalige Gemeinschaft von größeren Pflanzen wie dieser Indigo-Busch.

Seite 29

Pflanzengemeinschaften

Mitte: Pflanzen weisen mit äußerster Genauigkeit auf die Verhältnisse ihrer Umgebung hin. Verschiedene Bodentypen sind an den einmaligen Pflanzenarten zu erkennen, die sich an die verschiedenen Bedingungen angepaßt haben. Verschiedene Wassermengen, unterschiedliche Sonnenbestrahlung oder Temperaturwechsel können auch festgestellt werden. Pflanzen bilden daher von Natur aus und ihren Bedürfnissen entsprechend verschiedene Gemeinschaften.

AUF DEUTSCH

TRANSLATION PACKAGES

Jeder vollfarbige, englische Band mit hervorragenden Bildern enthält einen vollständigen deutschen Texteinsatz. Diese Bände sind ganz besonders als kleine Geschenke geeignet. Bei Direktbestellung bitte dieses Formular benützen.

Titel

___ ip . . . Arches & Canyonlands	___ ip . . . Sequoia & Kings Canyon	___ Great Smoky Mountains SBS
___ ip . . . Bryce Canyon	___ ip . . . Yellowstone	___ Joshua Tree SBS
___ ip . . . Crater Lake	___ ip . . . Yosemite	___ Lake Mead & Hoover Dam SBS
___ ip . . . Death Valley	___ ip . . . Zion	___ Lewis & Clark SBS*
___ ip . . . Everglades	___ Alcatraz SBS	___ Mesa Verde SBS
___ ip . . . Glacier	___ Capitol Reef SBS	___ Monument Valley SBS
___ ip . . . Glen Canyon-Lake Powell	___ Civil War Parks SBS	___ Mormon Temple Square SBS
___ ip . . . Grand Canyon	___ Colorado Plateau SBS	___ Mormon Trail SBS
___ ip . . . Grand Teton	___ Columbia River Gorge SBS	___ Mount Rushmore SBS
___ ip . . . Hawai'i Volcanoes	___ Denali SBS	___ Oregon Trail SBS
___ ip . . . Mount Rainier	___ *Destination:* Las Vegas SBS	___ Redwood SBS*
___ ip . . . Mount St. Helens	___ Devils Tower SBS	___ Santa Fe Trail SBS
___ ip . . . Olympic	___ Dinosaur SBS	___ Theodore Roosevelt SBS
___ ip . . . Petrified Forest	___ Grand Circle Adventure SBS	___ Valley of Fire SBS
___ ip . . . Rocky Mountain	___ Great Basin SBS	

* erhältlich ab 1 Mai 1997

☐ Eurocard/Mastercard ☐ Visacard

☐ American Express ☐ Discover Card

☐ Scheck in US-Dollar von einer US-Bank

____ (Anzahl) Bücher à US$ 9.95 = _____ US$

Kreditkarten Nr

|_|_|_|_|_|_|_|_|_|_|_|_|_|_|_|_|

Gültigkeit der Karte bis: Monat |_|_| Jahr |_|_|

Unterschrift: _____

Internationale Bestellung:
Per Telefon: **001-702-733-3415**
Per Fax: **001-702-433-3420**

Per Post: Siehe Anschrift unten

Vorauszahlungspreis pro Buch: US-$9.95 einschließlich Versand. Die Zustellung erfolgt innerhalb von 6-8 Wochen.

SENDEN SIE DEN BESTELLSCHEIN AN:

KC Publications
PO Box 94558
Las Vegas, Nevada
89193-4558 U.S.A.

oder bestellen Sie per Fax:
001-702-433-3420

Bücherversand an: Vollständige Anschrift in Druckbuchstaben

☐ Herr
☐ Frau

Vorname _____ Familienname _____

Straße _____

Postleitzahl Wohnort _____

Land (außerhalb der USA) _____

Oben: Lehmböden, die von abgetragenem Schiefer alter Ablagerungen herstammen, unterstützen eine weitere einmalige Pflanzengemeinschaft. Die feine Textur und der hohe Gipsgehalt dieser Böden fordern die Pflanzen geradezu heraus. Einjährige Wüstenpflanzen bedecken die Bodenoberfläche im Frühling. Winterfeste perennierende Pflanzen wie die Wüstenstechpalme entwickeln spezielle Eigenschaften, um in dieser Umgebung überleben zu können. Blätter mit rauher Textur sind mit Haaren bedeckt, um den Wasserverlust zu verringern, indem die Windgeschwindigkeit auf der Blattoberfläche reduziert wird.

Unten: Nackte Felsoberflächen bilden eines der härtesten (in jedem Sinne des Wortes!) Habitate. Hier lebt eine höchst spezialisierte Pflanzengemeinschaft. Diese Pflanzen senden ihre Wurzeln tief in die Spalten im Fels und nutzen jedes Bißchen Erdboden und Wasser, das zur Verfügung steht. Gesteinsnesseln mit den zahllosen kleinen, scharfen, haarähnlichen Nadeln auf den breiten grünen Blättern teilen diese Nische mit einem Faßkaktus voller Wasser.

Seite 30 oben

Regenstürme kommen in diesen dürren Regionen nur selten vor. Doch in diesem Land der Kontraste sind die Regengüsse oft sehr heftig. Innerhalb kurzer Zeit sättigen sich der Wüstenboden und die Felsen. Überschüssiges Wasser ergießt sich übers Land und erzeugt Sturzfluten. Das Wasser stürzt sich von Klippen und donnert über Verwaschungen hinweg. Straßen lösen sich auf; Felsbrocken rollen im braunen, schäumenden Wasser hin und her; und eine neue Landschaft entsteht. In einer Sturzflut in der Wüste kann man die mächtige Kraft der Erosion erkennen, und es ist wahrscheinlich ein Erlebnis, das man nur einmal im Leben hat.

Seite 31 oben

Dies ist der einzige Ort in Nevada, an dem die Utah-Palmlilie vorkommt.

Seite 31 oben rechts

Die riesige Wunderblume ist eine auffällige Frühlingsblume. Die schönen Blumen weisen ein interessantes Arrangement von Kelchblättern auf, die Blumenblätter simulieren.

Seite 31 Mitte

Papierblumen blühen in kräftigen Farben auf.

DIE ANPASSUNG DER TIERE

Für die Tiere erfolgt die vorteilhafteste Anpassung an die ständig wechselnden Lebensbedingungen in der Wüste durch das Gebären ihrer Jungen während der günstigsten Zeit des Jahres. So haben sie die besten Überlebenschancen. Das Wüsten-Großhornschaf hat ihre Jungen zwischen Januar und März. Dies ist die günstigste Zeit, die einjährigen Winter- und Frühlingspflanzen zu nutzen. Das Großhornschaf muß sich auf den Regen im Spätherbst verlassen, damit es im Frühling genug Futter für die Lämmer gibt. Trockene Jahre führen zu hohen Sterblichkeitsraten für die Jungen.

Einige kleine Nagetiere brauchen Grünfutter, um genug Milch für ihre Jungen zu produzieren. In trockenen Jahren gibt es auch unter ihnen viel weniger Nachwuchs.

Als weitere Überlebensstrategie vermeiden Tiere den Wettstreit mit anderen Tieren um Futter oder Lebensraum. Jedes Tier sucht sich seine Nische im Ökosystem. Eine Insektenart legt seine Eier zum Beispiel nur auf die Blätter oder Stämme einer bestimmten Pflanzenart, während andere Insekten andere Pflanzen vorziehen. Oder gewisse Tierarten fressen nur bestimmte Pflanzen oder Pflanzenfamilien. Einige Tiere brauchen verschieden hohe Pflanzen, um überleben zu können. Verschiedene Arten von Wüstenspinnen hängen ihre Netze zum Beispiel auf unterschiedliche Höhen über dem Boden; oder verschiedene Vogelarten bauen ihr Nest auf dem Wüstengrund oder auf unterschiedlichen Höhen über dem Boden. Wenn also ein Gebiet eine größere Vielfalt an Pflanzen oder mehr Pflanzen verschiedener Höhe aufweist, gibt es dort auch eine größere Vielfalt an Tieren.

Eine Nische kann auch aufgrund der Größe von Nahrungsmitteln definiert werden. Einige Nagetiere wählen kleinere Samen als andere Nagetiere. Gewisse Fledermaussorten sind ganz wählerisch, wenn es auf die Größe der Insekten für ihr Mahl ankommt.

Außerdem können knappe Ressourcen aufgeteilt werden, indem die Tiere einander physisch ausweichen. Sie sind zu unterschiedlichen Tageszeiten aktiv. Einige Wüstentiere, wie zum Beispiel Eidechsen, die meisten Vögel, Erdhörnchen und Großhornschafe sind tagsüber aktiv. Andere Tiere ziehen die Morgen- oder Abenddämmerung vor; zu diesen gehören kleinere Fledermäuse und einige Nagetierarten. Die meisten Wüstentiere sind jedoch nachts aktiv.

Wüstentiere haben eine Überlebensstrategie, die den Pflanzen nicht zur Verfügung steht; sie können sich bewegen. Falls die Vegetation in einem anderen Gebiet üppiger ist oder Beutetiere anderswo häufiger vorkommen, können sie einfach in eine andere Umgebung ziehen. Die extremsten Wanderer sind bei weitem die Vögel. Einige von ihnen verlassen die Gegend vollkommen im Winter, wenn viele Pflanzen und Insekten Winterschlaf halten.

Die Fähigkeit sich zu bewegen führt zu einer sehr häufigen Anpassungsart von Wüstenreptilien und Säugetieren: sie sind nachts aktiv. Nagetiere sind eine wichtige Nahrungsquelle für größere Raubtiere. Und da die meisten Nagetiere nachts unterwegs sind, haben sich auch Rotluchse, Füchse, Koyoten, Schlankbären und Eulen diesen Lebensstil angewöhnt. Während der Hitze des Tages ist die Wüste normalerweise ein ruhiger Ort. Die meisten Tiere haben sich in unterirdischen Höhlen verkrochen, wo es kühl ist und die höhere Luftfeuchtigkeit verhindert, daß ihr Körper austrocknet. Bei Tageslicht findet man nur Spuren und Dung.

Es gibt einige Wüstentiere, wie zum Beispiel die Taschenratte, die den Großteil ihres Lebens unter der Erde verbringen. Biologen nennen diese Tierarten *Grabtiere* von "graben" abgeleitet. Diese Rattenart vermeidet die Hitze und die Jagd und ernährt sich von feuchten Wurzeln oder grünen Pflanzen beim Eingang ihrer Tunnels.

Wieder andere Tierarten haben sich physiologisch an ihre Umgebung angepaßt. Die Känguruhratten haben die Fähigkeit entwickelt, in ihrem Stoffwechsel Wasser zu produzieren. Daher können sie der Dürre widerstehen und überleben die Periode zwischen Regenfällen, ohne trinken zu müssen. Ihre Jäger, wie die Klapperschlangen, können das Wasser aus dem Körper ihrer Beute verwerten. In der Wüste ist das Nahrungsnetz komplex und muß den Wasserbedarf von Pflanzen und Tieren erfüllen. Ein im August gesichteter Erdkuckuck hat zum Beispiel soeben eine Eidechse gefressen, die sich eine Woche zuvor ein Insekt genehmigt hat, welches sich im April an einer einjährigen Frühlingsblume gesättigt hat, deren Samen fünf Jahre im Boden ruhten.

Eine weitere physiologische Anpassung ist die Fähigkeit, während eines Winterschlafs oder *Sommerschlafs* völlig untätig zu sein. In den Wintermonaten, wenn es weniger Grünfutter und weniger Insekten oder Säugetiere gibt, liegen einige Wüstenfledermäuse, Nagetiere und Reptilien unter der Erde und warten auf die Ankunft des Frühlings. Einige Tiere können sogar zu jeder Jahreszeit, wenn Nahrung knapp ist, einen solchen Schlaf halten. Die Wüstenschildkröte und der Leguan, eine große Eidechse, verwenden diese Technik. Einige Erdhörnchen und Taschenspringmäuse übersommern so und vermeiden dadurch die Hitze.

Es gibt viele Vögel im Park und eine große Zahl verschiedener Sorten. Die Vögel erfüllen ihren Wasserbedarf durch die Nahrung: Insekten, Obst oder - im Falle der Raubvögel - Gewebe der Beutetiere. Einige Arten leben hier nur während der kühleren Jahreszeiten und ziehen entweder in höher gelegene Gebiete oder nach Norden, um die Hitze und Dürre des Sommers zu vermeiden.

Wie der Mensch befinden sich auch die Wüstentiere hoch genug im Nahrungsnetz, daß ihr Überleben hauptsächlich davon abhängt, ob die Pflanzen auch überleben. Ihr Einfallsreichtum und ihre Mobilität haben es dem Menschen und anderen Tieren ermöglicht, sich an die trockenen Lebensbedingungen anzupassen.

Seite 32 für Seite 33 oben links

Die Gilamonster mit den perlenartigen Schuppen schwarzer und gelber, oranger oder rosaroter Farbe sind hauptsächlich in der Abenddämmerung und nach Einbruch der Dunkelheit aktiv. In der Hitze des Tages suchen sie die Kühle unter Felsen oder in Tunneln, die sie selber graben.

Seite 32 links

Viele Tiere leben im Valley of Fire, doch die meisten werden kaum je gesehen. Um die Hitze eines Tages in der Wüste zu vermeiden, haben sie sich ganz natürlich an nächtliche Aktivitäten gewöhnt. Nachts kommen sie hervor und huschen über den Wüstengrund. Im Morgengrauen bleiben ihre Spuren im Sand zurück. Hier sind sie zwischen den grünen Sämlingen und den trockenen Überresten der Wüstenprimel vom Vorjahr hin und her gelaufen. Es ist recht schwierig, das Benehmen dieser Kreaturen zu entziffern, wenn die Spuren im Sand die einzigen Hinweise sind. Und schon bald werden diese Geschichten von Leben und Tod vom Sand wieder verweht.

Es ist für Besucher immer ein großes Vergnügen, ein majestätisches Großhornschaf zu Gesicht zu bekommen.

Alle Lebewesen in der Wüste müssen sich an die trockene Umgebung anpassen. Der Präriefuchs ist hauptsächlich nachts aktiv, um die Sommerhitze zu vermeiden. Kreosotbüsche stehen weit voneinander entfernt, damit sie nicht um Wasser wetteifern müssen.

Wer uns vorangegangen ist...

Es ist unglaublich, daß der Mensch nicht nur die Lebensbedingungen in dieser öden Wüste überlebte, sondern hier sogar eine Kultur entwickelte. Diese Gegend ist sehr extremen Bedingungen ausgesetzt. Es ist nicht ungewöhnlich, daß die Temperatur im Sommer mehr als 40°C im Schatten erreicht und die Berge nach einem Wintersturm doch oft mit Schnee bedeckt sind. Auch auf dem Talgrund kann die Temperatur unter den Gefrierpunkt sinken. Pro Jahr gibt es im Durchschnitt 102 bis 127 mm Regen, und doch sind Wolkenbrüche und Sturzfluten nichts ungewöhnliches. Zu jeder Jahreszeit weht ein starker Wind. Solch eine Umgebung stellt gewiß die Fähigkeiten und Stärke der einfallsreichsten Bewohner auf die Probe. Doch der Mensch war der Herausforderung gewachsen. Die Geschichte des Menschen im Valley of Fire umfaßt einige Jahrtausende und die Entwicklung vieler Kulturen. Wer waren diese Menschen, und wie kamen sie mit der Rauheit von Klima und Gelände zurecht?

Der Moment, an dem der Mensch diese Gegend zuerst betrat, liegt irgendwo in den Äonen der Vorgeschichte vergraben. Einige Archäologen glauben, daß die ersten Menschen hier vor mehr als 15.000 Jahren gegen Ende der letzten großen Eiszeit ankamen. Hinweise darauf gibt es nur wenige, und sie sind nicht stichfest. Obwohl die großen Eisschichten das südliche Nevada nie erreichten, bliesen kühle, feuchte Winde von den schmelzenden Gletschern her nach Süden in dieses Gebiet. Die Landschaft war damals mit üppiger Vegetation bedeckt; die heutigen trockenen Ausschwemmungen waren Ströme kühlen Wassers; und Herden von Elchen, Rehen und Antilopen grasten in den Tälern. Es gab wahrscheinlich einheimische Pferde und Kamele, denn ihre Knochen sind in Ausgrabungsstellen westlich des Valley of Fire freigelegt worden, zusammen mit Werkzeugen eines frühen Volkes.

Die meisten Archäologen sind sich einig, daß es vor 4.000 Jahren in der Region Menschen gab. Zu jener Zeit war das Klima feuchter und kühler als heute. Während jener Zeit gab es besonders viele Großhornschafe. Die menschliche Bevölkerung wuchs langsam an.

Die Menschen, die während der Gypsum-Periode von 2000 v. Chr. bis 300 v. Chr. hier lebten, hatten sich in kleine Gruppen organisiert, die Kernfamilien genannt werden. Jede Gruppe bestand aus zwei bis vier Männern, die mit ihren Frauen und Kindern die besten Jagdgebiete durchschweiften. Die Männer kümmerten sich hauptsächlich darum, den Großhornschafen aufzulauern und sie zu töten, denn diese Schafe waren die wichtigste Nahrungsquelle. Die am häufigsten verwendete Waffe war der Atlatl, ein Balken mit Kerben, mit dem ein Speer genauer und weiter geworfen werden konnte. Steinmesser wurden für das Töten und Häuten der Jagdbeute verwendet. Die Frauen und Kinder fingen Hasen, Schildkröten und andere Reptilien und sammelten und bereiteten wilde Pflanzen zu, um ihre Nahrung zu ergänzen. Ihre wichtigsten Werkzeuge waren Grabstöcke und Körbe. Sie benutzten auch Mühlsteine, auch *Metate* genannt, auf denen sie Pflanzen mahlten. Die Familien verarbeiteten die Häute und andere Körperteile von Großhornschafen zu Kleidern, Decken und Dächern für ihre Hütten. Das Valley of Fire wurde wahrscheinlich von zwei bis fünf solcher Kernfamilien bewohnt, die von Zeit zu Zeit ins Tal reisten, um sich bei einer Wasserquelle niederzulassen und dort zu jagen und zu sammeln. Wenn die Bevölkerung der Großhornschafe abnahm, weil sie zuviel gejagt wurde, oder wenn die Tiere sich vor den Jägern in Acht zu nehmen begannen, verließen die Kernfamilien die temporären Lager im Tal. Und wenn die Tierbevölkerung wieder zunahm, kamen auch die Menschen zurück.

Wenn es viel Wild gab, stand den Menschen auch viel Freizeit zur Verfügung. Die Menschen der Gypsum-Periode verbrachten ihre Zeit damit, kunstvolle Felsenzeichnungen oder Petroglyphen herzustellen, die die Felsen im Park auch heute noch schmücken. Geometrische Formen, Großhornschafe, der Atlatl und zahllose Spuren und Tierformen wurden sorgfältig in die schwarze Oberfläche des Sandsteins geritzt.

Gegen Ende der Gypsum-Periode wuchs die Bevölkerung langsam an. Zur gleichen Zeit verschlimmerten sich die klimatischen Bedingungen, und das Wetter wurde wärmer und trockener. Die Kultur paßte sich langsam an diese Änderungen an. Die Archäologen nennen diese Reaktion der Kultur die Moapa- und Muddy River-Phasen und schätzen, daß dies ungefähr zwischen 300 v. Chr. und 700 n. Chr. stattfand.

Die Jäger, die zuvor hauptsächlich von großen Tieren lebten, verfolgten nun kleinere Tiere wie Hasen, Erdhörnchen, Eidechsen und Vögel. Maultierhirsche und Großhornschafe wurden zur Bereicherung des Menüs gejagt. Das Sammeln wilder Pflanzen wurde immer wichtiger zum Überleben. Durch diesen Wechsel gewannen die Flußgebiete an Bedeutung. In dieser reichhaltigen biotischen Gemeinschaft gab es Wurzeln, Samen, Knollen und Beeren, die zur Lebenserhaltung wichtig waren. Die Menschen ließen sich in den Tälern der Flüsse Virgin und Muddy nordöstlich des Valley of Fire nieder. Diese Bewohner lebten in Grubenhäusern mit einem Dach aus Ästen und Schlamm.

Die Jäger verfolgten gelegentlich Großhornschafe im Valley of Fire, aber es gab hier nicht genug Nahrung, um längere Aufenthalte zu rechtfertigen. Die Jäger brachten das Fleisch und die Felle zurück zu ihren Familien am Virgin und Muddy River. Diese Jäger der Moapa- und Muddy River-Phase waren auch ritualistisch, und ihnen sind wahrscheinlich einige der Petroglyphen im Valley sind wahrscheinlich ihnen zuzuschreiben.

Der Atlatl wurde am Anfang dieser Periode immer noch verwendet, doch dann ersetzten ihn Pfeil und Bogen. Diese neue Waffe konnte man leichter tragen und mit ihr konnte man besser zielen, und die Zeit zwischen Schüssen verkürzte sich erheblich.

Als die Menschen immer mehr von Pflanzennahrung abhingen, nahmen die Risiken im Vergleich zu denen der Großwildjagdzeiten wesentlich ab. Die Bevölkerung nahm jedoch zu, und das bedeutete erhöhte Nachfrage nach Lebensmitteln. Wegen dieser Nachfrage gab es immer weniger Kleinwild, und die Menschen mußten zwangsläufig in Gebiete ziehen, wo es weniger Pflanzen gab. Doch eine neue Entdeckung - der Ackerbau - verursachte einen noch dramatischeren Wandel in ihrer Kultur. Diese neue Entwicklung stammte wahrscheinlich aus Mexiko oder Südamerika und kam mit Einwanderern aus diesen Gegenden nach Südnevada. Nichts deutet auf Feindseligkeiten zwischen den Neuankömmlingen, den *Anasazi*, und den früheren Bewohnern hin. Diese neuen Farmer begannen Mais und Kürbisse anzupflanzen. Es wurde auch notwendig, Nahrung zu speichern, um magere Zeiten zu überstehen. Es war besser, das Essen zu den Menschen zu bringen, als dem Essen nachzulaufen.

Das Wissen um den Ackerbau hat die natürliche Folge, daß die Menschen nicht mehr vom Sammeln und Jagen abhängig sind. Die Kernfamilien konnten ihr Nomadendasein aufgeben und mußten keine wilden Pflanzen oder große Tiere mehr suchen. Diese frühen Anasazi-Indianer, die oft als Korbmacher bezeichnet werden, pflanzten ihren Mais, ihre Kürbisse und Bohnen in der Nähe der Dörfer an, die sie in den Tälern am Ufer der Muddy und Virgin Rivers erstellt hatten. Es wurde nun wichtiger, in größeren Gruppen zusammenzuarbeiten. Erweiterte Familien wohnten nahe beisammen, um einander bei der Hasenjagd oder der Ernte zu helfen. Einflußreiche Führer der Gruppen trafen nun mehr Entscheidungen.

Wie können wir solche Dinge über ein so altes Volk wissen? Es ist wie ein Puzzle, das aus den zurückgelassenen Beweisstücken zusammengesetzt wird. Tierknochen verraten, was für Tiere sie jagten. Metates weisen auf die Wichtigkeit von wilden Pflanzen in ihrer Nahrung hin. Die Pflanzenarten können durch Samen und Pflanzenfasern identifiziert werden, die in den gewobenen Körben feststeckten oder als Muster auf einem Topf dienten.

Die neue Kunst des Korbflechtens änderte die Fähigkeit dieses fleißigen Volkes, ihre natürlichen Ressourcen zu nutzen. Überbleibsel von Körben auf Pflanzenfasern weisen darauf hin, daß sich dieses nützliche und wichtige Handwerk sich in dieser Kultur entwickelte. Einige ihrer Körbe wurden so eng geflochten, daß man Wasser in ihnen tragen könnte; wenn man heiße Steine ins Wasser in diesen Körben fallen läßt, könnte man vielleicht in diesen Behältern kochen. Dieses urzeitliche Volk wob auch Matten, flache Schalen, Sandalen und Jagdnetze.

Um 300 n. Chr. lernten die Korbmacher, aus Lehm an der Sonne getrocknete Töpfe herzustellen. Diese Technik entwickelte sich langsam zur Keramik, einer Kunstform, die eine wichtige Rolle im Übergang von Ackerbau und Korbmacherei zur hochorganisierten, ritualisierten Gesellschaft der Lost City- (Verlorene Stadt) und Mesa House-Völkern spielte.

Ungefähr um 700 n. Chr., am Anfang der Periode, die die Archäologen als Lost City- und Mesa House-Phasen bezeichnen, fand ein bedeutendes Ereignis statt. Die wachsende Bevölkerung von Farmern entdeckte, daß sie in dieser Region nicht allein war. Es gibt Beweise, daß die Lower Colorado Yuman-Völker vom Süden her in dieses Gebiet einwanderten. Es gibt auch Hinweise darauf, daß ein numisches Volk, die Paiute-Indianer, um etwa 900 n. Chr. einwanderte.

Seite 34 unten links

Diese Schnitzerei, die ein hier heimischer Künstler von vielen Jahrhunderten mit viel Geduld in den Felsen geschnitzt hat, stellt eine alte Jagdwaffe, den Atlatl (eine Art Speer) dar und die Großhornschafe, die damit gejagt wurden.

Seite 34 für Seite 35

"Die Hütten", die in den 1930er Jahren von Arbeitern des Civilian Conservation Corps (eine während der Depression gegründete Organisation, die arbeitslosen, ledigen jungen Männern Arbeit und Ausbildung gab und sie zur Erhaltung und Erweiterung der Naturparks einsetzte) gebaut wurden, sind in ihrer natürlichen Umgebung kaum bemerkbar, denn sie wurden aus demselben Sandstein erstellt.

Seite 36 oben

Petroglyphen schmücken viele der mit "Wüstenlack" bedeckten Felswände im Park. Wissenschaftler verstehen die Bedeutung dieser Kunstwerke nicht, aber die Fähigkeiten der Künstler werden wohl von allen geschätzt.

Seite 37 unten

Die kreativen indianischen Handwerker kombinierten in ihren Werken Schönheit und Funktion. Dieser Topf spiegelt Kultur und Lebensart der Ureinwohner dieses Landes wieder. Der sorgfältig hergestellte Topf diente vielleicht zur Lagerung von Maiskörnern oder Wasser in einem alten Dorf.

Seite 38-40 Text

Ein Wettstreit um lebenswichtige Nahrungsquellen fand wahrscheinlich zwischen diesen früheren Einwohnern und den Neukömmlingen statt. Während sich der Wettstreit verschärfte und die Bevölkerung der Lost City-Phase zunahm, verschlimmerte sich die Angelegenheit noch, als die klimatischen Bedingungen schlechter wurden.

Um mit diesen neuen Bedingungen fertig zu werden, verlegten sich die Einwohner von Lost City immer mehr auf die Agrikultur und besonders auf die Lagerung von Nahrungsmitteln. In den Gebieten der Flüsse pflanzten sie doppelte Ernten an und bewässerten sie regelmässig.

Zu Anfang verwendeten die Lost City-Leute das Valley of Fire ebenso intensiv wie die Menschen der Moapa- und Muddy River-Phasen. Die öde, felsige Weite des Valley of Fire konnte die Dörfer der Anasazi-Bauern, die für ihre Ernte vom Wasser abhingen, nicht erhalten. Als sich aber das Klima verschlechterte, nahmen die Jagdausflüge ins Valley wahrscheinlich wieder zu. Der Bestand der Großhornschafe muß wegen dieser zunehmenden Jagdaktivität drastisch abgenommen haben. Die Jäger wandten sich dann anderen Ressourcen zu, wie Hasen, Schildkröten und kleinen Reptilien, zusätzlich zu den Großhornschafen. Die Jäger lagerten an denselben Stellen wie ihre Vorfahren. Sie trugen wahrscheinlich zur Felsenkunst bei. Sie brachten auch ihre Essensvorräte zu ihrem Heim in den Flußtälern zurück. Gegen Ende dieser Periode begleiteten die Frauen die Männer wahrscheinlich, um beim Sammeln von Pflanzen und Samen zu helfen. Immer mehr Paiute-Indianer jagten im Tal, die Menschen der Mesa House-Phase hörten mit dem Jagen und Sammeln im Valley of Fire auf und konzentrierten sich auf den Ackerbau in den Flußtälern.

Die Einwohner schlossen sich nach und nach in größere Dörfer oder Pueblos zusammen, die aus 20 oder mehr Wohneinheiten bestanden. Diese Pueblo-Menschen lebten mehr vom Handel - sie exportierten Türkis, Salz, Keramikwaren und vielleicht Baumwolldecken, und sie importierten Perlen aus Muscheln, Keramikwaren, Obsidian und Nahrungsmittel. Mit den stets schlechteren klimatischen Bedingungen und der wachsenden Bevölkerung wurde der Handelsaustausch immer wichtiger. Zu den Handelspartnern gehörten andere Anasazi-Gruppen im Osten und Süden, sowie Zuman- und Numische Völker. Auf regionaler Ebene waren die sozialen Einheiten nun besser integriert. Die komplexe Organisation der Gesellschaft auf der Stufe von Stämmen brachte Dorfführer hervor, die die Bevölkerung gut repräsentieren konnten.

Neue Baustile entwickelten sich oder wurden importiert, und Dörfer aus Adobe (Lehm) und Stein wurden neben den unterirdischen Grubenhäusern gebaut, um die Menschen unterzubringen.

Die wichtigsten Kulturzentren der Anasazi befanden sich im Osten, im Plateauland von Arizona, Neumexiko, Utah und Colorado. Die Menschen in der Nähe des Valley of Fire in den Tälern der Muddy- und Virgin-Flüsse wohnten im Randgebiet der Kultur: Sie waren sozusagen die "Verwandten auf dem Lande" der hochentwickelten Kulturen in Mesa Verde und Chaco Canyon im Osten. Im Lost City Museum in Overton, ein paar Kilometer nordöstlich des Parks, sind allerlei Kunstgegenstände und Rekonstruktionen von Grubenhäusern und Pueblos in einer ausgezeichneten Ausstellung zu sehen.

Ungefähr im Jahre 1150 n. Chr. verließen die Anasazi-Indianer die Gegend. Die Archäologen des Südwestens führen eine hitzige Diskussion über den Grund ihres Exodus. Einige behaupten, daß die Kombination von erhöhter Bevölkerungszahl, Wettstreit und eine lange Dürreperiode um 1150 die Menschen dazu trieb, diese Gebiete ihrer Kultur zu verlassen und fruchtbareres Land zu suchen. Die Organisation der Stämme erstellte Kontakt mit anderen Gruppen, was dazu führte, daß sich die Anasazi in Nevada mit anderen Gruppen verbanden, die in fruchtbareren Gebieten lebten. Diese Wanderung überließ das Valley of Fire der südlichen Paiute-Kultur.

Die Paiute-Indianer hatten sich schon an die Lebensbedingungen in der Wüste angepaßt. Frei von der Ausstattung, die zu Ackerbau und Dorfleben gehört, lebten sie in engem ökologischen Gleichgewicht mit dem trockenen Land. Die Bevölkerungsdichte war niedrig. Kleine Familiengruppen, die sich mit Jagen und Sammeln beschäftigten, lebten ein nomadisches Leben. Sie zogen der Reifezeit verschiedener Pflanzen nach, genauso, wie es die frühesten Einwohner der Wüstenkultur vor 10.000 Jahren taten. In der Mojave-Wüste wachsen nur wenige Pflanzen im selben Gebiet, und deshalb zogen diese Menschen auf der Nahrungssuche viel umher und konnten sich nicht auf gespeicherte Nahrung verlassen. Weil die Pflanzen zu verschiedenen Zeiten reiften, ernährten sich die Paiute-Indianer von vielen verschiedenen Pflanzen und nicht nur von einer oder einigen wenigen Sorten. Verschiedene Höhen sorgen für verschiedenartige Habitate und erhöhen daher die Anzahl eßbarer Pflanzen. Die Paiute nutzten die Weite und die Höhenunterschiede des Geländes, um genug Nahrung zum Überleben zusammenzusuchen.

Im Valley of Fire gibt es Landstriche verschiedener Höhe, und daher eignete sich das Gebiet ausgezeichnet für die Paiute-Indianer. Die Paiute besetzten das Land nur zu bestimmten Jahreszeiten, wenn die Pflanzen zur Nahrung reiften. Es gab keine permanenten oder langfristigen Lagerstätten im Valley of Fire. Deswegen können auch keine bekannten Familien oder Gruppen von Paiute-Indianern im Valley identifiziert werden. Das Land wurde von vielen Paiute-Gruppen zugleich verwendet. Im Frühling war die Bevölkerung wahrscheinlich am größten, wenn das Wasser sich in Löchern ansammelte und eßbare Pflanzen in Fülle vorhanden waren.

In Paiute-Familien wurden die Aufgaben im allgemeinen gleich aufgeteilt. Die Frauen sammelten Pflanzen, stellten Körbe her, kochten und kümmerten sich um die kleinen Kinder. Die Männer jagten Großwild, machten Werkzeuge, gerbten Häute und kümmerten sich um gesundheitliche Angelegenheiten. Das Bauen von Häusern, Tragen des Familienhaushalts, Holen von Wasser und Jagen von kleinen Tieren wurde von Männern und Frauen erledigt.

Wie war es wohl, in diesem Gebiet ein Paiute zu sein? Nahrung und Wasser wurden in dicht geflochtenen Körben gesammelt. In Lehmtöpfen wurde gelegentlich gekocht. Für das Töten von Großwild benutzten sie Pfeil und Bogen und stellten Pfeilspitzen aus Stein her. Pflanzen wurden auf Metate-Mühlsteinen gemahlen. Sie errichteten Wohnstätten aus Gebüsch und bedeckten sie mit Stroh, um sich vor der Winterkälte zu schützen. Felsüberhänge und schattige Stellen waren geeignete Sommerunterkünfte. Die Paiute hatten sich gut an ihre Umgebung angepaßt.

Die gesellschaftliche Organisation unter den Paiute-Indianern war einfach. Die Kernfamilie war die Einheit für Produktion und Konsum. Jede Gruppe hatte einen Führer, der die Entscheidung traf, wohin das Lager und die Sammelstellen verlegt werden sollten. Diese Person konnte die Familie zu nichts zwingen, sondern führte sie mit Weisheit, ihrem Vorbild und ihrer Überzeugungskraft. Einzelpersonen hatten die Freiheit, für sich selber zu entscheiden. Eine weitere prominente Figur war der Medizinmann, der seine Verbindung mit übernatürlichen Wesen hatte. Er war wichtig für die Gruppe in medizinischen Angelegenheiten und beim Vorhersagen von Ereignissen.

Die Paiute-Indianer glaubten, daß das Land ihre Bedürfnisse erfüllen würde. Ihre einfache und doch effiziente Technik, zusammen mit harter Arbeit, versorgte sie auch wirklich mit einem angemessenen Lebensstandard. Ihre Lebensart war in Harmonie mit der Umgebung und verlangte dieser nichts ab, das sie nicht liefern konnte. Doch die Menschen brauchten besondere Fähigkeiten und großes Wissen, um hier überleben zu können. Dies war also das Volk, das die ersten Forscher und Siedler im Valley of Fire antrafen, als sie ins Gebiet drangen.

DIE EUROPÄER KOMMEN!

1826 führte der berühmte Bergmann Jedediah Smith die erste Gruppe von Pelztierjäger in dieses Gebiet. Dieser erste Kontakt zwischen der indianischen und europäischen Kultur war freundlich. Während der 1830er und 40er Jahre folgten Händler und Reisende von Santa Fe Smiths Route dem Virgin River entlang. Dieser Pfad ist als der Spanish Trail (Spanischer Pfad) bekannt und führte im Osten am Valley of Fire vorbei oder folgte einer Abkürzung der westlichen Grenze des heutigen Parks entlang. Kit Carson bereiste die Gegend mehrmals in den 1840er Jahren.

Seite 38 Mitte

Die Wüstenschildkröte war eine wichtige Nahrungsmittelquelle für die Anasazi-Indianer. Die Schildkröte ernährt sich ihrerseits hauptsächlich von Biberschwanzkakteen. Die Nahrungskette der Wüste ist oft komplex. Diese Komplexität hilft den verschiedenen Tier- und Pflanzenarten zu überleben.

Seite 39 oben

Das Lost City Museum (Museum der verlorenen Stadt), ein staatliches Museum in Overton, Nevada, ein paar Kilometer nordöstlich des Parks, enthält eine große Sammlung von Töpferwaren und anderen Geräten, die aus vielen verschiedenen indianischen Kulturen der Gegend stammen. Ein rekonstruiertes Pueblo (Dorf) und eine zeremonielle Kiva (Zeremonienraum) bringen Besuchern die Lebensart der Anasazi-Indianer nahe.

Seite 39 unten

Für viele Besucher des Valley of Fire scheint die Wüste gar keine Nahrungsmittel zu liefern. Für die frühesten Bewohner Amerikas ist die Wüste jedoch ein richtiger Supermarkt mit verschiedenen Lebensmitteln. Ein großer Teil ihrer Kenntnisse über Nahrungsmittel und Medizin ist heute bekannt und kann kenntnisreichen Bewohnern der Wüste helfen, hier zu überleben, falls sie sich verlaufen oder irgendwo stranden. Die Bohnen dieser "Katzenkrallen"-Akazie sind eßbar und können zu Mehl und dann zu Brot verarbeitet werden.

Seite 40 oben

Die Körbe wurden am Anfang dieses Jahrhunderts von Paiute-Indianern geflochten. Nur die "Olla" (Krug) links stammt aus prähistorischen Zeiten. Die Technik der Paiute-Indianer beim Herstellen von Korbwaren gleicht derjenigen ihrer Vorfahren, der Korbmacher.

Seite 40 unten

Laubbäume kommen im Valley of Fire nur selten vor. Eine vereinzelte Pappel findet tief unter dem Sand eines Ausschwemmungsgebiets in der Wüste Wasser. Pappeln waren ein willkommener Anblick für Reisende in der Wüste. Ihre Gegenwart deutet auf Wasser hin; ihr Laub versprach Schatten.

Seite 41 oben

Das Gelände, das von frühen Europäern durchquert wurde, ist rauh und schwer begehbar. Es gab wenig Unterschlupf, Nahrung oder Wasser für die Einwanderer und ihr Vieh. Wagenräder zerbrachen an Steinen, die Hitze trocknete die Zunge aus und Hunger plagte die Reisenden.

Seite 41-42 Text

In der zweiten Hälfte des Jahrzehnts änderte sich die Nutzungsart des Pfades im Westen des Parks drastisch. Die Anzahl von Reisenden nahm stark zu, und die neuen Einwanderer kamen nun durch Salt Lake City und nicht mehr durch Santa Fe. Der Spanish Trail, der hauptsächlich in den Wintermonaten von Güterzügen benutzt wurde, wurde nun zur Mormon Road, auf der fast ausschließlich Wagenzüge fuhren. Dies war die wichtigste Route durch das Gebiet auf dem Weg nach Kalifornien, bis die Eisenbahn am Anfang des 20. Jahrhunderts ihren Einzug hielt. Nachdem der Vertrag von Guadalupe Hidalgo im Jahre 1848 Land von Mexiko abgab, wurde das südliche Nevada, einschließlich des Valley of Fire, Teil der Vereinigten Staaten.

Die Ankunft der europäischen Kultur war traumatisch für die Paiute-Indianer. Obwohl es von Zeit zu Zeit feindliche Begegnungen zwischen Einwanderern und Paiute-Indianern gab, oft wegen der Eigentümerschaft von Tieren, kam der größte Impakt für die Paiute von den Bauern, die an Privateigentum glaubten. Von 1864 an ließen sich mormonische Siedler dem Muddy River entlang nieder, an der Grenze des Parks. Sie verdrängten die Paiute bald aus den Tälern der Muddy- und Virgin-Flüsse. Die Neuankömmlinge leiteten Fluß- und Quellenwasser um, um ihre Äcker intensiv zu bewässern. Das labile Gleichgewicht der vielen Ressourcen, die für die Lebensart der Paiute unerläßlich waren, wurde durch die Inbesitznahme der produktivsten Flußgebiete zerstört.

Die Paiute-Indianer widersetzten sich dem Eindringen der Pioniere nicht mit Gewalt. Statt dessen belästigten sie die Pioniere, stahlen von ihnen und ärgerten sie. Sie fühlten sich von den materiellen Gütern, dem Vieh und der Ernte der Siedler angezogen.   Um an diese Dinge zu gelangen, ließen die Paiute sich bei den Bauern verdingen. Der Lohn wurde oft in Gütern ausgezahlt, war aber meistens nicht genug für den Unterhalt einer Familie. Deswegen jagten und sammelten sie auf traditionelle Art weiter.

1872 wurde die Moapa-Indianerreservation dem Muddy River entlang gegründet; heute leben dort etwa 300 Menschen. Es gibt etwa 29.000 Hektar in diesem Gebiet, und die meisten Familien wohnen in modernen Häusern oder Wohnwagen. Der Stammesrat verwaltet eine Farm und mehrere Geschäfte. Von der ursprünglichen Kultur ist nur noch wenig vorhanden, aber die Paiute sind stolz auf die Philosophie und Einstellung ihres Volkes.

Die heutige Agrikultur im Muddy River Tal hängt von extensiven Bewässerungsmethoden und verbesserten Düngern ab, die immer intensiveren Anbau ermöglichen. In der Vergangenheit wurde ein Teil der Wüste als Weideland verwendet, aber immer nur am Rande. Das meiste Vieh grast jetzt in den Flußtälern.

Das Valley of Fire ist von mineralischen Ressourcen umgeben. Seit prähistorischen Tagen wurde im Südosten des Parks nach Salz gegraben. Im Westen und Norden gibt es Gipsminen. Magnesit und Kieselerde werden im Osten abgebaut. Im Süden gibt es borsaures Salz und lithiumhaltige Gesteinsschichten. Der Kieselsand im Park hätte eigentlich auch verwertet werden sollen, aber der Sand war zu fein, und der Transport nach Kalifornien war zu teuer. Zum Glück gab es im Valley of Fire keine kommerziell verwertbaren Mineralien, und große Minenunternehmen blieben dem Tal erspart.

Seite 42 oben

Die ausgehöhlten Schlupfwinkel und Höhlen, die die künstlerische Vorstellungskraft heutiger Besucher so reizen, müssen für frühere Menschen auch eine andere Bedeutung gehabt haben. Solche schattigen Steinvorsprünge boten Unterschlupf vor der heißen Mittagssonne oder Zuflucht an einem geschützten Ort vor dem kalten Nordwind im Winter. Pläne für ein morgendliches Jagdunternehmen oder eine Abendzeremonie wurden gewiß an diesem Ort geschmiedet. Vielleicht hat sich hier der legendäre Mouse auf der Flucht vor einer Polizeitruppe versteckt.

MOUSES TEICH

Es gibt viele Berichte über Mouse, einen Paiute-Indianer, der der Legende nach als Geächteter angesehen wurde. Es gibt viele Meinungen über den Ursprung seiner Probleme mit den Siedlern, aber keine davon ist historisch belegt. Einige behaupten, Mouse verursachte keine Schwierigkeiten in der indianischen Gemeinschaft, in der er aufwuchs, und andere sagen, daß viele Indianer ihn fürchteten und haßten. Eine Version berichtet, daß Mouse zuerst Probleme mit einem Bauern hatte, der sich weigerte, ihm den Lohn für seine Arbeit zu zahlen. Eine andere besagt, daß er Gemüse aus dem Garten eines Bauern gestohlen hatte, der dann auf ihn schoß. Und noch eine weitere Geschichte berichtet, daß die Schwierigkeiten im Januar 1897 bei Bonelli's Landing (Bonellis Landeplatz) anfingen. George Bonelli, ein Händler und Bauer, gab Mouse Arbeit als Handlanger auf einer Fähre, die den Colorado River überquerte. Mouse betrank sich und schoß mit seiner Pistole in einem Indianerlager um sich. Bonelli und seine Männer entwaffneten ihn und sperrten ihn für den Rest des Abends ein. Er wurde von seiner Arbeit entlassen und überquerte den Fluß, um nach Arizona zu gehen. Dort soll er zwei Goldsucher umgebracht haben.

Es wurden mehrere intensive Suchparteien organisiert, aber Mouse entkam ihnen jedesmal. Während dieser Suchexpeditionen versteckte er sich angeblich im rauhen Gelände des Valley of Fire. Hier verkroch er sich manchmal im Mouse's Tank (Mouses Teich), einer Mulde im Felsen, die nach schweren Regenfällen eine Zeitlang Wasser hält. Diese Mulde ist gut im Labyrinth von Felsformationen auf dem

Grund des Petroglyph Canyon versteckt und heute eine beliebte Attraktion für Besucher. Am 6. Juli 1897 soll Mouse den Garten einer Indianerin geplündert haben. Eine Polizeitruppe wurde zusammengestellt und verfolgte ihn durch das Valley of Fire. Am Morgen des 11. Juli sichteten sie Mouse in der Nähe der Muddy Spring (Quelle) und befahlen ihm, sich zu ergeben. Mouse soll daraufhin auf seine Verfolger geschossen haben, die ihn nach einem einstündigen Kampf erschossen.

Seite 43 rechts

Hier am Grund des Petroglyph Canyon befindet sich das Wasserloch, durch das sich Mouse der Legende gemäß am Leben erhalten haben soll. Dieser Paiute-Indianer, der von den damaligen Siedlern als Verbrecher betrachtet wurde, reiste durch dieses Gebiet und soll sich im Labyrinth der Schluchten im Valley of Fire versteckt haben. 1897 wurde er von einer Polizeitruppe erschossen.

Seite 43 für Seiten 44-45

Nächste Seiten: Rote Sandsteine stehen mit blauem Wasser und grauen Bergen im Kontrast. Foto: Willard Clay.

Seite 46 Text

Petroglyphen—Schriften in der Wüste

Die vielen Petroglyphen auf den Felsbrocken und Spaltenwänden des Valley of Fire sind eine stetige Quelle von Faszination und Spekulationen für Archäologen und Parkbesucher. In diesen alten Kunstwerken im Felsen, den auffallendsten - und erstaunlichsten - Überresten einer uralten Kultur, wurden geometrische und naturalistische Designs erhalten. Die am häufigsten von urzeitlichen Künstlern gebrauchten und für heutige Besucher am interessantesten Elemente sind Wüsten-Großhornschafe und Menschen.

Bisher wurde noch keine genaue Methode entwickelt, die Petroglyphen präzise zu datieren. Ihr Alter und die für sie verantwortlichen Kulturen sind also nicht genau bekannt. Der Atlatl in einer Aztek-Sandsteinwand des Atlatl-Felsen soll von den früheren Kulturen stammen, die diese Waffe vor 3.000 Jahren benutzten. Andere Archäologen glauben, daß der Großteil der Petroglyphen den Anasazi zuzuschreiben ist, die das Gebiet um 1150 n. Chr. verließen. Alle frühen Kulturen im Valley of Fire haben wahrscheinlich zu diesem Kunstwerk beigetragen.

Und was bedeuten diese Petroglyphen? Einige davon wurden wahrscheinlich in Ritualen der Jagd oder Religion verwendet. Andere gleichen Landkarten, historischen Aufzeichnungen, Berichten erfolgreicher Jagdexpeditionen, Klan- oder persönlichen Markierungen oder Anweisungen zur Wassersuche. Die Experten sind sich über ihre Bedeutung nicht einig. Einige glauben, daß hier einfach ein paar Jäger etwas hingekritzelt haben, um die Langeweile an einem heißen Nachmittag zu vertreiben; andere sind der Meinung, es seien wichtige Hieroglyphen, vielleicht ein Hinweis auf eine verlorene Sprache. Aber trotz der Kontroverse, ihres geheimnisvollen Ursprungs und ihrer tatsächlichen Bedeutung besteht kein Zweifel daran, daß diese Petroglyphen eine wichtige Verbindung mit vergangenen Kulturen darstellen. Diese Petroglyphen geben uns einen Einblick in das Empfindungsvermögen und die Kunst eines bemerkenswerten Volkes - eines Volkes, das ein äußerst großes Verständnis für eine offenbar feindliche und unbewohnbare Umgebung hatte und es sehr gut verstand, sich ihr anzupassen.

Seite 48 Text

Die Gründung eines Parks

Gegend Ende des 19. oder vielleicht am Anfang des 20. Jahrhunderts wurde das Valley of Fire als Abkürzung der Wagenstraße nach Las Vegas benutzt. Der Verwaltungsbezirk Clark baute 1914 eine rudimentäre Straße durch das Tal als Teil des Arrowhead Trail (Pfeilspitzenstraße) zwischen Salt Lake City und Los Angeles. Um 1925 wurde diese Route für die nördlichere Route aufgegeben, die heute der Interstate 15 (Autobahn) entspricht. Der Legende gemäß fand ein wichtiges Ereignis im Valley of Fire statt, bevor dieser Teil des Arrowhead Trail aufgegeben wurde. In den 1920er Jahren fuhr ein Beamter der American Automobile Association zur Zeit des Sonnenuntergangs auf dieser Straße durch das Tal. Er staunte über das Schauspiel der roten Strahlen, die sich auf den roten Felsen ergossen, und sagte später, das ganze Tal scheine in Flammen zu stehen. Deswegen bekam das Tal den Namen Valley of Fire: Feuertal.

Ebenfalls in den 1920er Jahren erkannte der Gouverneur Nevadas James Scrugham die außergewöhnliche Schönheit des Tals und bat die Bundesregierung, das Land dem Staat Nevada zu überlassen. 1931 wurden 3500 Hektar des Tals urkundlich an Nevada übertragen. Von jenem Anfang an bis zum Jahr 1975 wuchs der Park auf 17.000 Hektar an. Und in der Zukunft soll er einmal 22.700 Hektar umfassen.

Zwischen 1933 und 1935 baute der Civilian Conservation Corps Straßen und Gebäude im Tal, darunter auch die bescheidenen Steingebäude, die "die Hütten" genannt werden. Die Arbeit in Nevada wurde von Oberst Thomas W. Miller beaufsichtigt, der später bei der Gründung des Staatsparks eine wichtige Rolle spielte.

1935 gründete die Gesetzgebung aufgrund der Besorgnis der lokalen Einwohner und des Drucks von Seiten der Einwohner Südnevadas die State Park Commission. In jenem Jahr wurde das Valley of Fire zum ersten Staatspark Nevadas gemacht.

Das Valley of Fire kann vom Auto aus betrachtet und genossen werden, aber es ist ein sehr viel lohnenderes Erlebnis, ein so großes Gebiet wie möglich zu Fuß zu erwandern. Ob Sie nun eine Tageswanderung zu den White Domes oder dem Fire Canyon unternehmen oder ob Sie fünf Minuten von der Straße weg laufen, beim Betrachten der Naturwunder um Sie herum brauchen Sie all Ihre Sinne. Riechen Sie den scharfen Geruch des Kreosotbusches und berühren Sie die rauhe Oberfläche der Felsen. Hören Sie das Lied des hiesigen Zaunkönigs, das von den steilen Felswänden widerhallt. Denken Sie an die lange Zeitperiode, die in den Felsen aufgezeichnet ist, und an die uralten Völker, die geduldig ihre Kunstwerke in die Felsoberfläche ritzten. Sie lebten in Harmonie mit der natürlichen Umgebung und überlebten. Erwägen Sie das Leben, das Sie führen, und denken Sie daran, daß Parks wie das Valley of Fire - absolut notwendig für die Erhaltung der Natur - auch, wie Thoreau meinte, "... in Wildnis ... die Erhaltung des Menschen" bedeuten kann.

Seite 48 Mitte
Das moderne Besucherzentrum wurde so entworfen, daß es sich harmonisch mit der umliegenden Wüstenlandschaft verbindet.

Nächste Seite: Sandsteinformen. Foto: David Muench.
Bild des Schutzumschlags: Sandsteinmonolith. Foto: Jeff Gnass.

Übersetzung von Brigitte Morales

Herausgegeben von Mary L. Van Camp

Gestaltet von K.C. DenDooven

Nevada's Valley of Fire - Die Geschichte hinter der Szenerie®

© 1985, KC PUBLICATIONS, INC.

LC 84-52882. ISBN 0-916122-17-14.

Printed in the U.S.A.

Books in the Story Behind the Scenery series: Acadia, Alcatraz Island, Arches, Biscayne, Blue Ridge Parkway, Bryce Canyon, Canyon de Chelly, Canyonlands, Cape Cod, Capitol Reef, Channel Islands, Civil War Parks, Colonial, Colorado Plateau, Columbia River Gorge, Crater Lake, Death Valley, Denali, Devils Tower, Dinosaur, Everglades, Fort Clatsop, Gettysburg, Glacier, Glen Canyon-Lake Powell, Grand Canyon, Grand Canyon-North Rim, Grand Teton, Great Basin, Great Smoky Mountains, Haleakala, Hawai'i Volcanoes, Independence, Lake Tahoe, Las Vegas, Lake Mead-Hoover Dam, Lassen Volcanic, Lincoln Parks, Mammoth Cave, Mesa Verde, Monument Valley, Mount Rainier, Mount Rushmore, Mount St. Helens, National Park Service, National Seashores, North Cascades, Olympic, Petrified Forest, Redwood, Rocky Mountain, Scotty's Castle, Sequoia & Kings Canyon, Shenandoah, Statue of Liberty, Theodore Roosevelt, Virgin Islands, Yellowstone, Yosemite, Zion.

NEW: in pictures—The Continuing Story: Arches & Canyonlands, Bryce Canyon, Death Valley, Everglades, Glacier, Glen Canyon-Lake Powell, Grand Canyon, Grand Teton, Hawai'i Volcanoes, Mount Rainier, Mount St. Helens, Olympic, Petrified Forest, Rocky Mountain, Sequoia & Kings Canyon, Yellowstone, Yosemite, Zion.
This *in pictures* series is available with Translation Packages

VFIREGRM-1.5K-1ST-1.5K-1/96-MAC

Published by KC Publications • Box 94558 • Las Vegas, NV 89193-4558

A beavertail cactus in a dry wash defies erosion. The taller shrubs are creosote bush, a dominant plant in the Mojave Desert. The low shrub, bursage, is so often found with creosote bush that this plant assemblage is referred to as the creosote-bursage community.

Southwest, are abundant. The ever-present creosote bush, bursage, and brittlebush are representative of this group.

Mixed with the hot-desert plants are Great Basin varieties commonly found to the north or at higher elevations. This group can adapt to cold conditions as well and includes purple sage, black brush, and banana yucca. Some species have adapted to the cold climates and sandy soils of the Colorado Plateau to the east and are found at the edge of their range in Valley of Fire. Sandy soils derived from Aztec sandstones are suitable for these hardy plants: Spanish bayonet, with its long spearlike leaves, and Mormon tea.

PLANT STRATEGIES FOR SURVIVAL

Rigors of the desert have required unique adaptations by its inhabitants. The hot sun and infrequent rains are conditions that must be reckoned with if a species is to survive.

The creosote bush has reduced its exposure to the sun by reducing its own leaf size. To minimize the heat of direct sunlight the leaves are often oriented vertically, and the resinous coating of the leaves prevents excessive loss of water. This ingenious shrub, one of the most widespread in Valley of Fire, has also developed a form of chemical warfare. It produces an antibiotic within its roots that permeates the soil and inhibits the growth of competitors.

Some plants have developed the ability to store water during frequent periods of drought. Cacti and yucca have extensive, shallow root systems designed to capture all the water they can possibly absorb from the infrequent rains. They store rainwater in their fleshy tissues. To minimize water loss these plants assume a spheroidal shape that lowers the amount of surface area while at the same time maintains maximum volume for storage capacity. There is a hazard, however, to being a succulent in a desert; animals relish the juicy tissues. But these resourceful plants have adapted yet a step further to reduce this threat to their existence. They have developed numerous spines to discourage would-be diners of the animal kingdom!

soil, and desert conditions will prevail. In other words, the trigger pulled in fall determines the flowering conditions for spring.

The geologic substrate dictates the local environment for a plant. Seeds may fall on bare rock, or sand, or perhaps muds. Each species must devise methods of coping with these differing conditions.

Valley of Fire offers a unique opportunity to study plants. Although the park is a part of the Mojave Desert, it is on the edge of other major plant assemblages. Representatives of these other dramatically different plant types are mingled in a fantastic variety. Mojave Desert plants, adapted to survival primarily in the hot deserts of the

Preceding pages: The red and white tilted Mesozoic sandstones, with the gray Paleozoic marine limestones as a backdrop, typify Valley of Fire. Photo by Ed Cooper.

Low sunlight highlights the silver cholla's spines. An animal nudging the cholla is quickly impaled on the spines, which are firmly fixed to the plant. This defense protects the plant's precious water from potential munchers. Also, as the animal retreats, a nodule of the plant remains affixed to the hapless creature. When this nodule is kicked, picked, or flicked off, it falls to the ground and quickly roots in the soil. Another cholla is born.

Water is usually abundant in the desert, but it lies tens or hundreds of feet beneath surface sands. This permanent source of water is tapped by another group of plants: *phreatophytes* (free-AT-o-fights), or "pump-plants," that have developed deep root systems. These plants, such as mesquite and desert willow, have not developed the succulent habit of their neighbors because water storage for them is unnecessary. They have a long life span in which to grow and extend their roots into the deep water beneath the water table. In winter they drop their leaves, perhaps to protect themselves from frost. Temperatures are often too low for effective photosynthesis, so they minimize risk by drawing their resources from the leaves into their woody stems.

The most elaborate and commonly used strategy to avoid drought has been developed by desert annuals such as primroses and sunflowers. Since each plant has but one opportunity to reproduce, these plants take the greatest gamble of all. If conditions aren't right, they don't even try!

For most plants the seed stage is the most drought-resistant period. The next stage, the seedling, is usually the stage most vulnerable to drought. The annual must make this transition under optimum conditions in order for the individual and the species to survive.

How does the seed determine the right time to germinate? Annual plants in more humid environments are triggered by temperature and moisture conditions in the soil. A warmer temperature alone could be disastrous for a desert plant. A brief desert shower might increase moisture level in the soil for just a short time, causing the plant to germinate, only to encounter extreme drought caused by rapid evaporation. Desert annuals, therefore, have evolved elaborate techniques to maximize chances of survival.

Some desert annuals have devised a strategy utilizing a growth inhibitor within the seed coat. This substance must be washed off before the seed can germinate, a process that requires many periods of wetting from desert storms. The seed, in a sense, is monitoring the long-term environment. After rainfall has been sufficient for its needs, it quickly germinates, utilizing soil moisture. Thickness of the inhibitor varies from seed to seed in one species, with the result that the

27

K. C. DENDOOVEN

Ancient sand dunes erode into modern sandy areas as the materials of nature recycle. These porous soils are favored by annual plants like the white dune primrose and the yellow Parry tack-stem. In early spring, flowers often bloom profusely beneath the sand cliffs. The sweetness of their aroma is certainly not wasted on the desert air; it can be detected for miles.

Desert storms are rare, but occasionally torrents of water rush down the washes. The resulting gravel and concentrated moisture support a unique community of generally larger plants such as this indigo bush.

Clay soils, derived from eroded shales of ancient sediments, support another unique plant community. The fine texture and high gypsum content of these soils are challenges to the ingenuity of plants. Desert annuals dot the soil surface in spring. Hardy perennials, such as desert holly, evolve special adaptations to survive in this environment. Coarse-textured leaves covered with fine hairs reduce water loss by decreasing wind velocities across leaf surfaces.

Plant Communities

Plants are extremely sensitive indicators of their desert environments. Different soil types are reflected by unique species adapted to varying conditions. Differing amounts of water, sun exposure, or temperature changes can also be detected. Plants, therefore, naturally group into communities according to their requirements.

Bare rock surfaces, the most rigorous of habitats, are home to a highly specialized plant community. Thrusting their roots deep into crevices and cracks in the rocks, these plants utilize all available soil and moisture. Rock nettle, with its countless small, sharp hairlike needles covering broad green leaves, shares this niche with a moisture-swollen barrel cactus.

Rainstorms are infrequent events in these drought-prone regions. But in this land of contrasts rains are often torrential. Within moments, the desert soil and rock are saturated. Excess water pours over the land and creates flash floods. Water leaps headlong from cliffs and roars down desert washes. Roads disintegrate; boulders tumble about in the brown, churning waters; and a new landscape results.
To witness a desert flash flood is to observe the powerful forces of erosion in action, and it may be a once-in-a-lifetime experience.

COURTESY OF VALLEY OF FIRE STATE PARK

seeds in one area do not all bloom at the same time. A seed reserve is held in the soil to avoid the possible tragedy of an adverse climatic condition that might destroy all the seedlings. Usually, however, once the seed has germinated, it will complete plant development and produce at least one new seed. If conditions become unfavorable after germination, the mature plant and flower may be extremely small because they have used all their meager resources to reach the flowering stage. These small plants are often called "belly flowers" because the observer must lie on this part of the anatomy in order to study them closely.

Early spring wildflowers usually produce seeds just prior to the heat and drought of summer. What is to prevent catastrophe if late spring or early summer rains remove the growth inhibitors from the new seed coats and germination begins too soon? Many resourceful annuals have developed a further strategy to prevent just such a potentially suicidal summer germination. They require a period of cold before they will germinate!

Some annuals in drainages have evolved their own techniques to determine the proper level of moisture. They develop hard seed coats. Heavy rains cause flash floods that tumble and abrade the seeds. This breaks the hard coatings, allowing germination to take place at a time when the washes contain the most moisture.

Desert conditions are extreme. The measures taken by the plants to survive this environment are also extreme—and fascinating.

This is the only Nevada home of the Utah yucca.

The giant four o'clock is a showy spring flower. The beautiful flowers have an interesting arrangement of sepals that simulate petals.

Paper-flower explodes into vibrant color.

ANIMAL ADAPTATIONS

One of the best animal adaptations to fluctuating desert conditions is that of bearing young during the most favorable time of the year for survival success. Desert bighorn sheep bear their young from January to March. This is the most favorable time to take advantage of the winter and spring annual plants. The bighorn, therefore, are dependent upon late fall rains to assure sufficient forage for feeding lambs. Dry years result in high mortality rates for the young.

Some small rodents may require green vegetation to produce sufficient milk to nurture their young. Dry years will result in greatly reduced infant survival.

Another important animal strategy is to avoid competition over food or space with other animals. Each animal develops a niche within the ecosystem. As an example, one species of insect may lay eggs only on the leaves or stems of a particular plant species, whereas other insects require different plants. Or a certain animal species will feed only on a particular plant or assemblage of plants. Some animals require different heights of plants for their survival. For instance, different species of desert spiders spin webs at different elevations above the ground; or different bird species nest on the desert floor or at varying heights above the ground. Consequently, the greater the variety of plants in a region, or plants of differing heights, the greater the variety of animals.

A niche may also be defined on the basis of food size. Some rodents select smaller seeds than do other rodents. Some species of bats are highly selective in the sizes of insects they eat.

An additional way to divide scarce resources is to physically avoid competitors by being active during a different time of day. A few desert animals, such as lizards, most birds, ground squirrels, and bighorn sheep, are on the "day shift." Others, the *crepuscular* animals, prefer dawn or sunset; they include smaller bats and some species of rodents. Most desert animals are nocturnal.

Desert animals have a strategy for survival not available to plants; they can move. If vegetation is more luxuriant in another area, or prey species are more common elsewhere, they can move to the better environment. The extreme of such movement is exhibited by birds, some of which migrate totally out of the region during the winter, when many plants or insects are dormant.

Gila Monsters, with their beadlike scales of black with yellow, orange, or pink, are active primarily at dusk and after dark. In the heat of the day they seek the coolness under rocks or in tunnels they dig themselves.

Many animals live in Valley of Fire, but most are unseen. The nocturnal mode is a natural adaptation to avoid the heat of a desert day. At night they emerge and scamper about the desert floor. Dawn finds their tracks imprinted in the sand. Here they have wandered between the green seedlings and last year's dried skeletons of the desert primrose. It is a challenge to decipher the behavior of these creatures by "reading" the clues left in the sand. Soon enough the stories of life and death are covered by windblown sand.

K. C. DEN DOOVEN

The ability to move also results in a very common adaptation of desert reptiles and mammals —a nighttime mode of existence. Since most rodents are nocturnal, they are a primary food source for the larger predators; thus bobcats, foxes, coyotes, ringtailed cats, and owls are most active at night. The desert is usually a quiet place during the heat of the day. Most animals have retired underground to burrows where it is cool and where higher humidity prevents water loss from their bodies. Daylight reveals only tracks and droppings.

There are some desert animals, the pocket gopher for example, that spend most of their life underground. Biologists call such species *fossorial*. The gopher avoids heat and predation and feeds on moist roots or green vegetation near the mouths of its tunnels.

Another method of coping with the desert is by physiological adaptation. Some animals, like kangaroo rats, have developed the ability to produce water from their own metabolic processes.

They are thus drought-resistant and can survive between periods of rainfall without drinking. Their predators, such as rattlesnakes, are able to derive water from the body fluids of their prey. In desert country, food webs are complex and usually must accommodate water requirements of plants and animals within their food sources. As an example, the roadrunner seen in August may have just eaten a lizard, which the week before ate an insect, which in April ate a spring annual wildflower, whose seed may have been dormant within the soil for five years.

Another physiological adaptation is the ability to hibernate, or *aestivate*, in a torpid state. During the winter months, when there is less green vegetation and there are fewer insects or mammals, some desert bats, rodents, and reptiles lie below the desert surface awaiting the arrival of spring. Some animals are able to aestivate at any time of the year when food is scarce. The desert tortoise and the chuckwalla, a large lizard, use this technique. Some ground squirrels and pocket

RUSS GRATER

RUSS GRATER

mice aestivate through the summer and thus avoid the heat.

Birds are common within the park, and a great number of species may be observed. The birds receive most of their water supply from their foods: insects, fruits, or—in the case of predators —body tissues. Some species are resident only during the cool seasons and migrate either to higher elevations or northward to avoid summer heat and drought.

Like man, desert animals are high enough on the food webs that their survival is largely predicated on the ability of plants to survive. Ingenuity and mobility have allowed man and other animals to adapt to arid conditions.

The sighting of a majestic bighorn sheep is always a treat for visitors.

SUGGESTED READING

DODGE, NATT N. *Flowers of the Southwest Deserts.* 10th ed. Globe, Arizona: Southwest Parks and Monuments Association, 1980.

GRATER, RUSSELL K. *Snakes, Lizards & Turtles of the Lake Mead Region.* Globe, Arizona: Southwest Parks and Monuments Association, 1981.

KRUTCH, JOSEPH WOOD. *The Voice of the Desert.* New York: William Sloane Associates, 1967.

MUNZ, PHILIP A. *California Desert Wildflowers.* Berkeley: University of California Press, 1962.

OLIN, GEORGE. *Mammals of the Southwest Deserts.* Globe, Arizona: Southwest Parks and Monuments Association, 1982.

BILL FIERO

All desert creatures must adapt to the arid environment. The kit fox is primarily nocturnal to avoid summer heat. Creosote bushes are spaced to avoid competition for water.

33

Those Who Came Before . . .

It seems incredible that human beings not only survived these barren desert conditions but developed a culture here as well. This is an environment of extremes. Summer temperatures commonly exceed 105 degrees Fahrenheit in the shade, yet snows often blanket the higher mountains after winter storms. Freezing conditions may extend even to the valley floors. Rainfall averages between four and five inches a year, but desert cloudbursts and flash floods are not uncommon. Strong winds blow during any season. Surely such an environment would test the skills and fortitude of the most ingenious. Indeed, humans could and did meet the challenge. The story of man in Valley of Fire covers millennia and the evolution of many cultures. Who were these people, and how did they cope with the rigors of climate and terrain?

Lost in the eons of prehistory is the moment when mankind first entered this region. Some archaeologists believe the first people arrived more than 15,000 years ago during the latter part of the great glacial age. Evidence of such antiquity is scattered and unproved. Although the great ice sheets never did reach southern Nevada, cool, moisture-laden winds from the receding glaciers blew southward into the area. The landscape was then covered with profuse vegetation; today's dry washes were flowing streams of cool water; and herds of elk, deer, and antelope grazed the valleys. Native horses and camels may have been present, for their bones have been unearthed, along with artifacts of an early people, in excavations to the west of Valley of Fire.

Most archaeologists would agree that humans were in the region 4,000 years ago, a time when the climate was wetter and cooler than today. During this time bighorn sheep were particularly abundant. Gradually the human population grew.

The people who lived in this area during the Gypsum period from 2000 B.C. until 300 B.C. were organized into small groups called nuclear families. Each group consisted of two to four men who, with their wives and children, roamed among favorite hunting areas. The men were primarily responsible for the ambushing and killing of bighorn sheep, the most important food source. The major weapon used by the men was the *atlatl* (AT-latl), a notched stick used to increase the accuracy and distance of a thrown spear. Stone knives were used for killing and skinning game. The women and children caught rabbits, tortoises,

K. C. DENDOOVEN

This carving, patiently chipped into rock by a Native American artist centuries ago, portrays an ancient hunting implement, the atlatl, and the bighorn sheep hunted with it.

"The Cabins," built by Civilian Conservation Corps workers in the 1930s, blend into the natural surroundings from which the sandstone building materials were derived.

Petroglyphs adorn many of the desert-varnished rock faces in the park. The meaning of this artwork is not understood by scientists, but its artistry can be appreciated by all.

and other reptiles and collected and prepared wild plant food to supplement their diet. Their principal tools were digging sticks and baskets. They also used milling stones, called *metates* (meh-TAH-teys), on which they ground plant foods. The families used the hides and body parts of bighorn sheep for clothes, blankets, and coverings for their huts. Use of Valley of Fire was probably shared by two to five such nuclear families, who traveled to the Valley periodically to camp near a water source and to hunt and gather. After the bighorn sheep population had declined from over-hunting, or when the animals had become wary of the hunters, the nuclear families abandoned the temporary base camps. Once the animals repopulated the area, the people returned.

During periods when game was abundant there was considerable leisure time. The Gypsum-period peoples used some of this time to create elaborate rock art, known as petroglyphs, that still adorns the rocks of the park. Carefully pecked into the black desert-varnish surfaces of the sandstone are geometric designs, bighorn sheep, the atlatl, and numerous tracks and animal forms.

Toward the end of the Gypsum period, population levels increased slowly. Simultaneously,

climatic conditions deteriorated as the weather became warmer and drier. Gradually the culture adapted to these changed conditions. Archaeologists refer to this cultural response as the Moapa and Muddy River phases, and they place the time span from 300 B.C. to A.D. 700.

Hunters, formerly dependent mainly upon big game, now pursued small game such as rabbits, ground squirrels, lizards, and birds. Mule deer and desert bighorn were hunted to augment the menu. The gathering of wild plants became increasingly important in maintaining a subsistence. This shift in economic emphasis created a greater reliance on the riparian, or stream, areas. Here in a rich biotic community were the roots, seeds, tubers, and berries necessary to sustain life. The people settled in the valleys of the Virgin and Muddy rivers to the northeast of Valley of Fire. These inhabitants lived in pits covered by a network of sticks and mud that served as their homes.

Occasionally hunters would pursue bighorn in Valley of Fire, but food was too scarce to permit long periods of occupancy. The hunters would carry meat and hides back to their families living along the Virgin and Muddy rivers. These Moapa-

and Muddy River–phase hunters were also ritualistic and were probably responsible for some of the petroglyphs found in the Valley.

The atlatl was still used during the early part of this period, but it was eventually replaced by the bow and arrow. This new weapon was easier to carry and more accurate, and it allowed repeat shots within a shorter time.

With increasing dependence upon plant food, risks of survival became fewer than in earlier big-game hunting days. Population expanded, however, placing greater pressure on food sources. These demands caused a decline in availability of small game and also forced people to move to areas that were less productive of plant foods. But a new discovery—farming—created an even more dramatic change in their culture. This new development probably had its origin in Mexico or South America and was brought to the southern Nevada area by migrating peoples. There is no evidence of hostility between the newcomers, the *Anasazi* (Ah-nah-SAH-zee), and earlier inhabitants. These new farmers began to cultivate corn and squash. Storage of foods also became necessary to carry them through lean times. It was more efficient to carry the food to the people than to have the people pursue the food.

Knowledge of farming has the natural effect of decreasing dependency on gathering and hunting for food. No longer did nuclear families have to live a free-roaming, nomadic existence in search of seasonal wild plants or large game. These early Anasazi people, often referred to as the Basketmakers, grew their corn, squash, and beans near their villages along the riparian bottomlands of the Muddy and Virgin rivers. It now became more efficient to work in larger groups. Extended families lived near each other to assist in large rabbit drives or to help with the harvesting. Influential leaders of the groups exercised more decision making.

How do we know these things about a culture so ancient? It is a puzzle pieced together from the evidence, far from mute, that they left behind. Animal bones reveal the type of game they hunted. Metates attest to the importance of wild plant food in their diets. The kinds of plants can be identified by seeds and by plant fibers that had caught in woven baskets or that had left impressions on pottery.

The innovation of basketry significantly changed the capabilities of these industrious people to utilize their natural resources. Remnants of baskets woven from plant fibers indicate the development of this most useful and important piece of material culture. Some of their baskets were woven so tightly they could have held water; hot stones dropped into water in these containers could have boiled their foods. These ancient folk also wove mats, trays, sandals, and hunting nets.

Around A.D. 300 the Basketmakers learned how to use clay to make sun-dried cookware. This technique was gradually refined into pottery making, an art that played an important role in transforming the culture of the farming Basketmakers into the more highly organized, ritualized society known as the Lost City and Mesa House peoples.

Around A.D. 700, at the beginning of the period archaeologists refer to as the Lost City and Mesa House phases, a significant event occurred. The increasing population of farmers discovered they were not alone in this region. There is evidence to indicate that Lower Colorado Yuman peoples migrated into the area from the south. There is also evidence to support the migration of Numic people, the Paiute, at about A.D. 900.

K. C. DENDOOVEN

Creative Indian artisans combined beauty with function. This pottery reflects the culture and lifestyle of the ancient ones. The carefully crafted pot may have been used for storing kernels of corn, or perhaps water, in an ancient pueblo.

Economic competition over critical food resources probably occurred between the earlier inhabitants and these new arrivals. To make matters worse, as competition increased and Lost City–phase population grew, climatic conditions worsened.

To cope with these new conditions the Lost City residents increasingly shifted toward an agricultural economy with an even greater emphasis on stored resources. Double cropping and irrigation were utilized in the riverine areas.

NORMA ENGBERG

The desert tortoise was an important food source for the Anasazi. For the tortoise the beavertail cactus is a major plant food. The food webs of the desert are often complex. Such complexity aids in the survival of species.

Initially the Lost City–phase people used Valley of Fire much as did those of the Moapa and Muddy River phases. The barren, rocky expanse of Valley of Fire could not support the villages of Anasazi farmers dependent upon water for crops. However, as conditions worsened, hunting trips to the Valley probably increased. The bighorn population must have decreased sharply as a result of overhunting. The hunters increasingly turned their attention to other resources, such as rabbits, tortoises, and small reptiles, as well as bighorn sheep. The hunters continued to occupy the same camp sites as had their ancestors. They probably contributed to the rock art. They also carried food supplies back to their homes in the river valleys. Toward the end of this period, women probably accompanied men to help collect plants and seeds. As increasing numbers of Paiutes hunted the Valley, Mesa House–phase people abandoned

hunting and gathering in Valley of Fire and concentrated on their farming in the river valleys.

The inhabitants increasingly aggregated into larger villages, or *pueblos* (PWAY-blows), consisting of 20 or more residential units. These Pueblo people relied more heavily on trade—exporting turquoise, salt, ceramics, and perhaps cotton blankets and importing shell beads, ceramics, obsidian, and food. As climatic conditions worsened and population continued to grow, exchange became increasingly important. Trade partners included other Anasazi groups to the east and south as well as Yuman and Numic peoples. On a regional basis, social units became more integrated. Complex tribal-level organization of the society created village leaders capable of representing their constituents.

New architectural styles either evolved or were imported, and pueblos of adobe and rock were built alongside the underground pithouses to serve as homes.

The primary centers of Anasazi culture were to the east, in the plateau country of Arizona, New Mexico, Utah, and Colorado. People living near Valley of Fire in the Muddy and Virgin river valleys were on the cultural periphery. They were, in a sense, "country cousins" of the highly developed cultures at Mesa Verde and Chaco Canyon to the east. Artifacts and reconstructions of pithouses and pueblos are preserved in an excellent display at the Lost City Museum in Overton, a few miles northeast of the park.

About A.D. 1150 the Anasazi abandoned the region. Theories to explain this exodus are heatedly debated by southwestern archaeologists. Some argue that a combination of increasing population, competition, and a prolonged drought around 1150 caused the residents to abandon marginal areas of their culture and emigrate to more productive agricultural lands. The tribal-level organization established intergroup contact, which allowed fusion of the Nevada Anasazi with groups who lived on better farmlands elsewhere. This migration left Valley of Fire to the Southern Paiute culture.

The Paiute had already adapted to the desert. Unfettered by accoutrements of extensive farming and village life, they existed in close ecological balance with the arid land. Population density was low. Small family groups, engaged in hunting and gathering, lived a nomadic life following seasonal harvests, just as the earliest inhabitants of the Desert culture had done 10,000 years before. The Mojave Desert supports few

The Lost City Museum, a state museum a few miles northeast of the park, in Overton, Nevada, contains an excellent collection of pottery and other artifacts from many different Indian cultures of the region. A reconstructed pueblo and ceremonial kiva also allow visitors to experience an Anasazi lifestyle.

K. C. DEN DOOVEN

plants in any one area, so the foragers moved extensively and could not become dependent upon stored foods. Because plants ripened at different times, the Paiute relied on a great variety rather than on a single or a few species. Variations in elevation provide different plant habitats and thus greatly increase the number of edible species available to a foraging people. Paiute subsistence strategy relied on both spatial and altitude variations to yield sufficient food resources for survival.

In Valley of Fire there is a wide altitude range, hence the area was ideally suited for Paiute occupancy. The Paiute were seasonal users of the land, with their times of occupation controlled by the maturing cycles of their food plants. There were no permanent or even long-term campsites within Valley of Fire. Consequently, there were no known families or bands of Paiutes specifically identified with the Valley. Rather, there was joint use by many Paiutes. Highest seasonal use was probably in spring, when water would stand in depressions and edible plants would be in greatest abundance.

Paiute families generally had a customary division of duties. Women gathered plants, made baskets, cooked, and cared for young children. Men hunted big game, made tools, tanned hides, and handled health matters. Building houses, car-

DAN MAST

The desert appears barren of food to many Valley of Fire visitors. To the earlier Native American inhabitants, however, it was a veritable supermarket of various foods. Much of their extensive knowledge of foods and medicines is known today and yields a means of survival for knowledgeable desert dwellers should they become lost or stranded. The beans of this catclaw acacia are edible and may be ground into flour for bread.

These baskets were woven by Paiute Indians early in this century, except for the olla *(OH-yah), or jar, on the left, which dates from prehistoric times. In their techniques of basket construction the Paiute closely resemble their ancestors the Basket Makers.*

Deciduous trees are rare in Valley of Fire. A lone cottonwood receives moisture from deep below the sands of a desert wash. Cottonwoods were a welcome sight for early desert travelers. Their presence indicates water; their canopy provides shade.

rying family goods, fetching water, and hunting small game were done by both men and women.

What was it like to be a Paiute in this area? For food gathering and collecting water, tightly woven baskets were used. Clay pottery was utilized occasionally for cooking. To kill big game they made use of the bow and arrow and fashioned projectile points from stone. Plant food was ground on metates. They constructed huts of brush and sometimes thatched them for winter warmth. Rock shelters and shaded sites made suitable summer homes. The Paiute were well adapted to their environment.

Social organization among the Paiute was simple. The nuclear family was the unit of both producing and consuming. Each group had a leader who helped make decisions regarding camp movements or selection of gathering areas. This person had no power to coerce his family, but led by wisdom, example, and persuasion. Individuals had freedom of choice. The other prominent figure was the shaman, who had rapport with supernatural beings. He was valuable to the group in medical affairs and in foretelling events.

The Paiute believed that the land would supply their needs. Their simple yet efficient technology, coupled with hard work, did indeed furnish them with an adequate standard of living. Their way of life was harmonious with the environment and asked nothing of it beyond its ability to provide. But it did require of them great skill and knowledge for survival. These, then, were the people the early explorers and settlers found living in Valley of Fire when they first entered the area.

THE EUROPEANS ARRIVE

The famous mountain man Jedediah Smith led the first party of fur trappers into the area in 1826. This initial contact of Indian and European cultures was amicable. During the 1830s and 1840s traders and travelers from Santa Fe followed Smith's route along the Virgin River. This trail, known as the Spanish Trail, passed to the east of Valley of Fire or took a shortcut along the western boundary of the park. Kit Carson traveled the area several times in the 1840s.

The terrain traversed by early Europeans is rugged and difficult to cross. There was little shelter, food, or water for either the immigrants or their stock. Rocks broke wagonwheels, heat parched tongues, and hunger plagued travelers.

In the latter part of this decade a dramatic change took place in the use of the route to the west of the park. The number of travelers greatly increased, and the new immigrants came via Salt Lake City rather than Santa Fe. The Spanish Trail, used mostly in the winter months by pack trains, became the Mormon Road and was used mostly by wagon trains. This was the main route through the region to California until the coming of the railroad in the early twentieth century. After the Treaty of Guadalupe Hidalgo ceded land from Mexico in 1848, southern Nevada, including Valley of Fire, became part of the United States.

The arrival of European culture was traumatic to the Paiute. Although there were occasional hostilities between immigrants and Paiutes, often over the ownership of animals, the greatest impact on the Paiute was from farmers who believed in private property. Beginning in 1864, Mormon colonists settled along the Muddy River, adjacent to the park. They soon displaced the Paiute from the Muddy and Virgin river valleys. The newcomers diverted river and spring water for intensive irrigation agriculture. The delicate balance of numerous resources, required for the Paiute way of life, was destroyed with the usurpation of the most productive riparian environments.

The Paiute did not resist with force the incursions of the pioneers. Instead, the Indians employed a pattern of harassment, theft, and annoyance. They were attracted to the material goods, stock, and crops of the settlers. To attain

The sculpted recesses and hollows that so appeal to the artistic imagination of today's visitors must have also had other significance for earlier humans. Such shadowed overhangs meant vital sheltered respite from the heat of the midday summer sun or refuge within a protected recess from winter's cold northerly winds. Plans for a morning hunt or an evening ceremonial were almost certainly born in this place. Perhaps the illustrious fugitive Mouse hid here from a pursuing posse.

these items Paiutes became involved in seasonal agricultural employment. Wages, often paid in goods, were usually too little to support a family. Consequently, traditional hunting and gathering continued.

In 1872 the Moapa Indian Reservation was established along the Muddy River; about 300 people live there today. There are about 72,000 acres on the reservation, and most families live in modern frame houses or trailers. The tribal council administers a farm and several businesses. Little of the original material culture survives, but the Paiute take pride in their Native American philosophies and attitudes.

Present-day agriculture in the Muddy River Valley utilizes extensive irrigation methods and improved fertilizers that allow progressively more intense farming. In the past, some stock grazing of desert land did occur, but it was always marginal. Most grazing is now located in the river valleys.

Valley of Fire is surrounded by mineral resources. Since prehistoric days salt has been mined southeast of the park. There are gypsum mines to the west and north. Magnesite and silica mining operations are located to the east. To the south lie borates and beds rich in lithium. Silica sands within the park might have been exploited except the sand was too fine and transportation to California markets was too expensive. Fortuitously, Valley of Fire did not contain commercial mineral deposits and thus was spared from large-scale mining activites.

MOUSE'S TANK

Much has been said and written of Mouse, a Paiute Indian whom legend has branded an outlaw. There are many versions of what created Mouse's problems with the settlers, but there is a general lack of historical documentation. Some say Mouse caused no trouble to the Indian community in which he grew up, while others claim that some Indians feared and hated him. One version states that Mouse first had trouble with a farmer who refused to pay him for work done. Another alleges that he had stolen some vegetables from the garden of a farmer who then shot at him. Still another story attests that the trouble began in January 1897 at Bonelli's Landing. George Bonelli, a merchant and rancher, employed Mouse as a hand on a ferry that crossed the Colorado River. Mouse became drunk and shot up an Indian camp with his pistol. Bonelli and his men disarmed him and locked him up for the evening. He was fired from his job and ferried across the river to Arizona. There he reportedly killed two prospectors.

Several intensive searches were conducted for Mouse, but he successfully eluded capture. During these hunts he supposedly used the rugged terrain of Valley of Fire for a hideout. Here he would sometimes use "Mouse's Tank," a depression in the rock that catches and holds rainwater for a time after intense rainstorms. It is well hidden within the labyrinth of rock formations on the floor of Petroglyph Canyon and is a favorite attraction for park visitors. On July 6, 1897, Mouse is reported to have raided the garden of an Indian woman. A posse formed and tracked him through Valley of Fire. On the morning of July 11 they sighted Mouse near Muddy Spring and ordered him to surrender. Mouse apparently shot at his pursuers, who, after an hour-long running fight, shot and killed him.

SUGGESTED READING

MADISON, CHERI CINKOSKE. *[Nevada's] Red Rock Canyon*. Las Vegas, Nevada: KC Publications, Inc., 1990.

MARTINEAU, LA VAN. *The Rocks Begin to Speak*. Las Vegas, Nevada: KC Publications, Inc., 1973.

MARTINEAU, LA VAN. *The Southern Paiutes*. Las Vegas, Nevada: KC Publications, Inc., 1992.

BRUCE KAPLAN

Here on the floor of Petroglyph Canyon is the water hole, or tank, that legend says supplied Mouse. This Paiute Indian, considered an outlaw by contemporary settlers, traveled through this area and reputedly hid in the labyrinth of canyons in Valley of Fire. In 1897 he was shot and killed by a posse.

Following Pages: Red sandstones contrast with blue water and gray mountains. Photo by Willard Clay

Petroglyphs—Writings in the Desert

A constant source of fascination and speculation to archaeologists and park visitors are the many petroglyphs pecked into boulders and joint faces throughout Valley of Fire. Geometric and naturalistic designs are preserved in these ancient pieces of rock art, the most prominent—and startling—reminders of earlier cultures in existence. The most numerous design elements used by ancient artists and the most interesting to modern observers are the desert bighorn and human forms.

No adequate technique has been developed to date petroglyphs accurately. Thus their ages and the cultures responsible for them are not definitely known. The atlatl pecked into a joint face of Aztec sandstone at Atlatl Rock has been interpreted as dating from the early cultures that began to use this weapon, as long ago as 3,000 years. Other archaeologists believe most of the petroglyphs are the work of the Anasazi, who departed the area in A.D. 1150. They are probably the work of all the early peoples who visited Valley of Fire.

What do they mean? Some petroglyphs may have been used in hunting or religious rituals. Others appear to be maps, historical records, accounts of successful hunts, clan or personal marks, or directions for finding water. Experts are not in agreement as to their meanings. Some believe they are merely the idle scratching of hunters relieving the boredom of a hot afternoon; others consider them important hieroglyphics, perhaps the key to a lost language. But in spite of the controversy and mystery surrounding their origins and true meanings, there can be no doubt that petroglyphs are an important link to past cultures. Through their presence modern man has been given the gift of insight into the sensitivity and art of a truly remarkable people— a people highly skilled in their understanding of and adaptation to a seemingly hostile and uninhabitable environment.

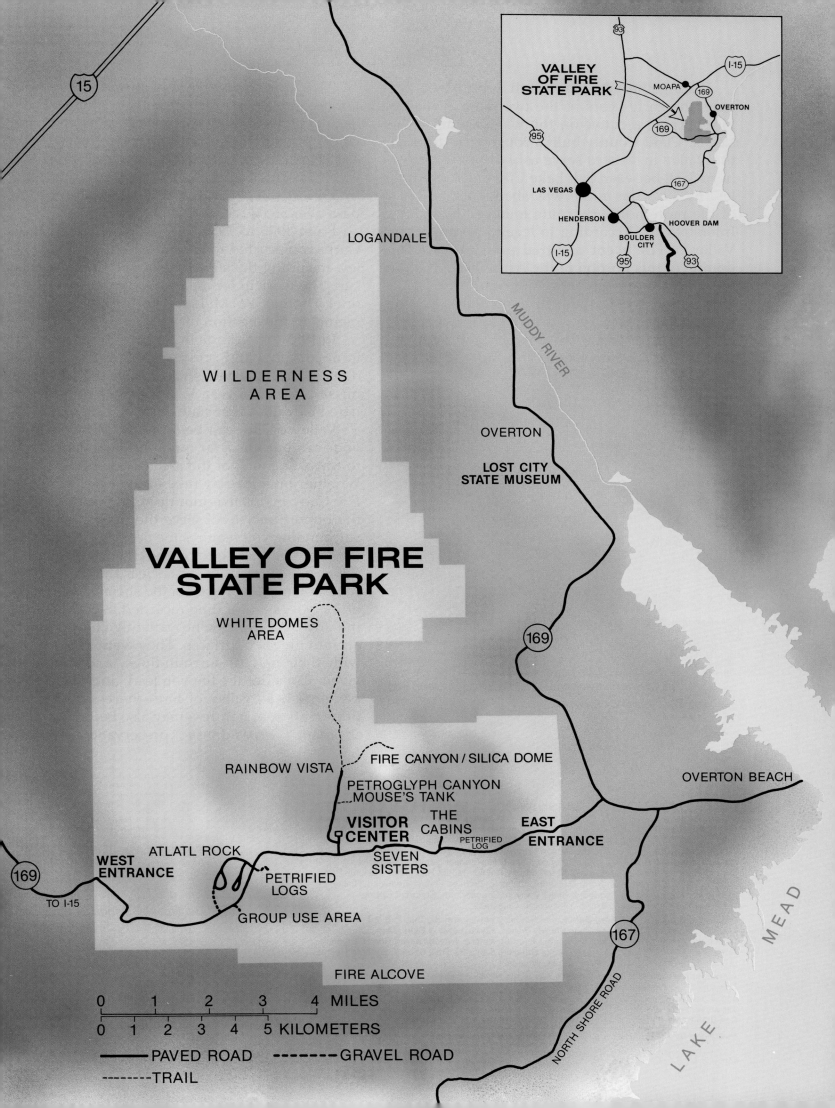

VALLEY OF FIRE
STATE PARK

VALLEY OF FIRE STATE PARK

LOGANDALE

WILDERNESS
AREA

MUDDY RIVER

OVERTON

LOST CITY
STATE MUSEUM

WHITE DOMES
AREA

169

FIRE CANYON / SILICA DOME

RAINBOW VISTA

PETROGLYPH CANYON
MOUSE'S TANK

OVERTON BEACH

**VISITOR
CENTER**

THE
CABINS

PETRIFIED
LOG

**EAST
ENTRANCE**

ATLATL ROCK

**WEST
ENTRANCE**

SEVEN
SISTERS

169

TO I-15

PETRIFIED
LOGS

GROUP USE AREA

167

NORTH SHORE ROAD

LAKE
MEAD

FIRE ALCOVE

| 0 | 1 | 2 | 3 | 4 | MILES |

| 0 | 1 | 2 | 3 | 4 | 5 | KILOMETERS |

———— PAVED ROAD   - - - - GRAVEL ROAD

- - - - - - TRAIL

Inset map

93

I-15

VALLEY
OF FIRE
STATE PARK

MOAPA

169

OVERTON

95

169

LAS VEGAS

167

HENDERSON

BOULDER
CITY

HOOVER DAM

I-15

95

93

Establishing a Park

During the late nineteenth century, or perhaps the early years of the twentieth, Valley of Fire became a cutoff on the wagon road to Las Vegas. Clark County built a rough road through the Valley in 1914 to serve as part of the Arrowhead Trail between Salt Lake City and Los Angeles. By 1925 this route was abandoned in favor of the more northerly route followed by today's Interstate 15. According to legend an important Valley of Fire event occurred prior to the abandoning of this portion of the Arrowhead Trail. In the 1920s an official of the American Automobile Association was driving through the Valley on this road at sunset. He was awed by the spectacle of red rays diffused on red rock and later described the whole valley as "on fire." Hence the name, Valley of Fire.

Also during the 1920s Nevada's Governor James Scrugham, recognizing the remarkable beauty of the Valley, requested transfer of the land from federal public domain to the state. By 1931 Nevada was deeded 8,700 acres of the Valley. From this beginning the park had increased by 1975 to 42,000 acres. It will eventually encompass over 56,000 acres.

From 1933 to 1935 the Civilian Conservation Corps constructed roads and buildings in the valley, including the stone shelters at "The Cabins" site. The work in Nevada was supervised by Colonel Thomas W. Miller, who later was instrumental in the creation of a state park here.

In 1935 the Nevada legislature, responding to local concerns and pressures of southern Nevadans, officially established the State Park Commission. In that year Valley of Fire was designated Nevada's first state park.

Valley of Fire can be seen and enjoyed from your car, but it is a far more fulfilling experience to travel as much of the area as you can on foot. Whether taking a day hike into White Domes or Fire Canyon or a five-minute stroll from the road, the opportunity to observe the natural wonders surrounding you requires the use of all the senses. Smell the pungent odor of the creosote and touch the coarse surfaces of rock. Hear the song of the canyon wren echoing from the sheer walls. Think of the vast span of time recorded in rock, and of the ancient peoples who patiently chipped their art into the rock surfaces. They were in harmony with their natural surroundings, and they survived. Consider the life you lead, and reflect that parks such as Valley of Fire—necessary for the preservation of nature—may also be, as Thoreau observed,"…in wildness …preservation of man."

GAIL BANDINI

The modern visitor center is designed to blend into the surrounding desert.

Books on national park areas in The Story Behind the Scenery series are: Acadia, Alcatraz Island, Arches, Biscayne, Blue Ridge Parkway, Bryce Canyon, Canyon de Chelly, Canyonlands, Cape Cod, Capitol Reef, Channel Islands, Civil War Parks, Colonial, Crater Lake, Death Valley, Denali, Devils Tower, Dinosaur, Everglades, Fort Clatsop, Gettysburg, Glacier, Glen Canyon-Lake Powell, Grand Canyon, Grand Canyon-North Rim, Grand Teton, Great Smoky Mountains, Haleakala, Hawaii Volcanoes, Independence, Lake Mead-Hoover Dam, Lassen Volcanic, Lincoln Parks, Mammoth Cave, Mesa Verde, Mount Rainier, Mount Rushmore, National Park Service, National Seashores, North Cascades, Olympic, Petrified Forest, Redwood, Rocky Mountain, Scotty's Castle, Sequoia & Kings Canyon, Shenandoah, Statue of Liberty, Theodore Roosevelt, Virgin Islands, Yellowstone, Yosemite, Zion.

Additional books in The Story Behind the Scenery series are: Big Sur, Fire: a Force of Nature, Grand Circle Adventure, John Wesley Powell, Kauai, Lewis & Clark, Maui, Monument Valley, Mormon Temple Square, Mount St. Helens, Nevada's Red Rock Canyon, Nevada's Valley of Fire, Oregon Trail, Santa Catalina, Santa Fe Trail, Sharks, Sonoran Desert, U.S. Virgin Islands, Water: A Gift of Nature, Whales.

A companion series of national park areas is the NEW: in pictures...The Continuing Story. This series has **Translation Packages**, providing each title with a complete text both in English and, individually, a second language, German, French, or Japanese. Selected titles in both this series and our other books are available in up to five additional languages. **Call (800-626-9673), fax (702-433-3420), or write to the address below.**

Published by KC Publications, 3245 E. Patrick Ln., Suite A, Las Vegas, NV 89120.

Inside back cover: Sandstone forms by David Muench

—— *Back cover: Sandstone monolith by Jeff Gnass*

Created, Designed and Published in the U.S.A.
Printed by Dong-A Printing and Publishing, Seoul, Korea
Color Separations by Kedia/Kwangyangsa Co., Ltd.